①美国陆军中将乔纳森·温莱特

沈阳战俘营战俘编号 43，被俘时任菲律宾战场美菲联军总司令。

②美国陆军少将乔治·摩尔

沈阳战俘营战俘编号 45，被俘时任菲律宾克莱吉多防区司令。

③美国陆军少将爱德华·金

沈阳战俘营战俘编号 44，被俘时任菲律宾吕宋防区司令。

④英国陆军中将亚瑟·帕西瓦尔

沈阳战俘营战俘编号 35，被俘时任马来战役英军总司令。

⑤英国陆军中将路易斯·希思

沈阳战俘营战俘编号 36，被俘时任马来战役印度第三军总司令。

⑥荷兰皇家荷属东印度陆军中将西恩·塔尔帕顿

沈阳战俘营战俘编号 46，被俘时任荷属东印度军总司令。

⑦荷兰皇家荷属东印度陆军少将约格布·范·利斯

沈阳战俘营战俘编号 47，被俘时任荷兰战争部荷属东印度军首席军医。

⑧荷兰皇家荷属东印度陆军中将（退役）查灵·巴克

沈阳战俘营战俘编号 50，被俘时任荷属东印度（战争）动员局主席。

①香港总督杨慕琦

沈阳战俘营战俘编号 38。

②英军陆军少将（退役）、印度红十字专员麦克雷

沈阳战俘营战俘编号 42。

③苏门答腊总督思皮茨

沈阳战俘营战俘编号 49。

④荷属东印度总督斯塔夏麦尔

沈阳战俘营战俘编号 48。

⑤英属北婆罗洲总督史密斯

沈阳战俘营战俘编号 39。

⑥马来联邦和英属海峡殖民地总督汤姆斯

沈阳战俘营战俘编号 37。

⑦英属海峡殖民地大法官麦克艾尔文

沈阳战俘营战俘编号 40。

⑧马来联邦大法官杜鲁蒂

沈阳战俘营战俘编号 41。

CONTENTS

目录

引　言

在第二次世界大战的太平洋战场上，战争规模和战场形态比以往发生了空前的变化，被日军俘虏的盟军战俘，其人数之众不仅前所未有，也始料未及，其间围绕战俘待遇问题所发生的违反国际公约和虐待战俘的行为更成为战争犯罪的主要罪行之一。其中，以残暴虐待战俘并致大量盟军战俘死亡闻名的“巴丹死亡行军”和“泰缅死亡铁路”，被战后的远东国际军事法庭判定为与“南京大屠杀”并列的日军在亚洲犯下的三大暴行。

纵观古今中外的战争历史，有战争就有战俘是不争的事实，太平洋战争也没能成为例外，但是盟军战俘所经历的残暴奴役和非人虐待，骇人听闻，堪称史无前例。比如，战争期间，日军俘虏美军战俘 27 万人，其中有 11 万人被俘后死亡。再比如，从 1941 年 12 月 8 日起不足 3 个月的时间里，日军俘虏了约 2.2 万名澳大利亚战俘，到战争结束时只有 1.34 万人幸存，死亡率高达 1/3。

脱离战场的士兵并没有游离于战争之外，反倒成为日军手中的一种另类资本。他们或沦为日军赖以支撑和维系战争机器的劳力资源，或成为日军企图负隅顽抗的人质资本。在这场史无前例的战争中，盟军战俘是战争的全程亲历者，是战争中未曾缺席的重要要件，他们所历经的斗争、苦难和付出的牺牲，是太平洋战场胜利的诸多决定性因素之一。

本书介绍的沈阳盟军战俘营，就是日军设立的用来关押和奴役从东南亚战场俘虏的盟军战俘的战俘营。它以高死亡率、高度专业性和高官战俘在押为特征，突出反映了日军所设战俘营的历史状况，揭示了日军最大限度地攫取盟军战俘的人力资源服务于日本的战争机器的核心目的，见证了盟军战俘悲惨境遇和苦难经历，揭示了日军试图以高官战俘为人质资本负隅顽抗的企图，是对日军践踏国际准则、违反人道主义的国际公约和所犯战争罪行的见证和记载，为当代人对这一史实的认识和评价提供了事实基础，为我们更加深入、全面地了解太平洋战争提供了一个独特的视角。以盟军战俘的生命和苦难所书就的这份人类历史上前所未有的遗产，不仅是二战日军所犯战争罪行的铁证，也是人类勿忘历史、珍视和平、反对战争的刻肌刻骨的警示。

回首往事，盟军战俘经历的苦难、抗争和牺牲不仅是日军所犯战争罪行的铁证，更是中国军队和人民与盟国军民在这场世界反法西斯战争中同仇敌忾的见证。如果说“忘记过去就意味着背叛”，那么，在二战这一世界反法西斯战场上，最不该忘却的，就是中国军民和盟国军民曾经如此肩并肩地经历着共同的命运，抗击着共同的敌人，捍卫着共同的利益。

回首往事，盟军在战后救援战俘和接收日军投降的过程中，展现了盟国间团结协作和恪守协定的精神。这种合作精神是战后国际秩序得以确立的保证。纵观当今战后的世界格局，不禁令人感慨，对过往历史的选择性“忘记”或选择性“不持立场”，不仅对维护战后国际秩序不利，更是对“右翼”势力发出的错误信号。

回首往事，日军的虐俘暴行促使我们对文明进行反思。从日本自明治维新以来由向西方文明看齐到走上军国之路，所谓的“文明”已沦为器物。文明要以人性为基础，逢强必霸的逻辑就是脱离了价值理性的工具理性的单极思维所致。

这就是七十多年后的今天，我们本照“前事不忘，后事之师”的理念，回顾这段鲜为人知的历史的价值所在。让我们拨去历史的浓雾，一探发生在沈阳日军战俘营的鲜为人知的真实故事。

存　亡

对无助的受害者施以残暴的报复行为，表明日本自告别荒蛮时代以来所取得的任何进步都是浅薄的。我们正式告知日本军界、政界乃至日本人民，日本的民族未来完完全全地、不折不扣地取决于他们自己是否具有摒弃其原始野蛮本性的能力。

——温莱特

1941 年 12 月 7 日，日本帝国海军偷袭美国在太平洋上最大的海军基地——珍珠港，重创美军太平洋舰队。12 月 8 日，日军挥师南下，对东南亚发起进攻，兵分数路攻占香港、新加坡、菲律宾、荷属东印度（今印度尼西亚）和缅甸等地。美国、英国和中国等同盟国对日宣战，太平洋战争全面爆发，欧亚两大战场合流，由此发生在局部地区的战争演变成了世界性战争。

太平洋战争的起因之一是日本与美、英等国长期积累的矛盾。1938 年，中国抗战进入相持阶段，由于漫长的战线扩展和长期的战争消耗，日军的财力、物力、兵力严重不足。与此同时，日本与美、英抢夺亚太地区势力和战略资源的斗争日趋表面化。1941 年 7 月，美国和英国冻结了全部日本资产，切断石油供应，使日本丧失了 80% 的石油进口以及大部分小麦、棉花、锌、铁矿石、铝土矿和锰等战略物资的供应。美、英向日提出解除禁运的条件是：日军必须撤出印度支那（今越南、老挝和柬埔寨地区）和中国。是否放弃侵略野心？日本最终的回答是与美、英等同盟国正面碰撞。

在太平洋战场上，日军的总体设想是以马来亚、菲律宾为基地，从左右两翼包围荷属东印度，首先夺取外岛和油田，消灭盟军海空力量，继而集中兵力攻占爪哇岛，驱逐美、英、荷势力，实现独霸橡胶、有色金属矿及石油资源。

战况的发展比大本营预想的还要顺利。其中，日军进攻

巴丹半岛守军司令爱德华·金少将（左二）与日军谈判投降事宜。美方谈判人员:（从左至右）艾沃里威廉姆斯少校（战俘编号 1712）、爱德华·金少将、维德·考塞林少校（投降后死于日军设在菲律宾的战俘营）和阿齐力·迪斯德尔（战俘编号 1946）

菲律宾的主要目的就是要消除美国的威胁。如果能够击退美国，并掌控关岛和维克群岛，日军便可以构建起最牢固的防御圈。1941 年 12 月 10 日，日军大举进攻菲律宾群岛。战局一开，美军便失去了制空权，不久马尼拉陷落，美军退守巴丹半岛。1942 年 3 月 12 日，美国远东军总司令麦克阿瑟携家人撤离巴丹前往澳大利亚，他向菲律宾人民许下“我会再回去”的承诺。22 日，美菲联军被重新命名为驻菲律宾美军，由陆军中将乔纳森·梅休·温莱特指挥。4 月 3 日，战局急转直下，日军向巴丹防线发起强攻，整条防线遭 100 架日军飞机及 300 门大炮的猛烈轰击。9 日，巴丹半岛美军高级指挥官陆军少将爱德华·金见守军已无力继续抵抗，宣布投降，巴丹半岛沦陷。

这是美、菲两国军事史上最大规模的投降，超过 60000 名菲律宾人和10000名美国士兵被俘。这些战俘被迫踏上北上的行程：从半岛南端的马里韦莱斯到圣博纳迪诺，继而转至奥德内尔兵营（曾是菲律宾军队的训练中心，后被日军临时辟作关押盟军战俘的集中营）。100多公里的移送途中，有近15000名战俘因饥饿缺水、疲劳疾病以及日军的毒打、枪杀死亡。这就是人类战争史上臭名昭著的“巴丹死亡行军”。奉天战俘营的绝大部分盟军战俘都参与了这次行军，所以我们的故事从将这里开始……

大批美军战俘即将开始“巴丹死亡行军”，他们中的许多人最终没能活着到达目的地

死亡行军

奉天战俘营幸存美军战俘奥利佛·艾伦（Oliver Allen，战俘编号：362）在珍珠港事件爆发的前几周刚到达菲律宾，编

入第19轰炸小队，部署在美国在菲最大的空军基地——克拉克基地。1941年12月8日12时30分，偷袭珍珠港10小时后，日军大规模轰炸克拉克基地，基地的飞机被全部摧毁。艾伦回忆说："我们遭到轰炸时，有一两架美军飞机曾经降落在克拉克基地，但很快又飞走了。随后我们就陷于孤立无援的境地。"两周后是圣诞节，被困在基地里的美军士兵每人分到了半罐豆子，作为圣诞节晚餐。

1942年1月2日，美军退守巴丹半岛。新年第二天，艾伦和战友们打起行装，向巴丹进发。是夜，部队到达巴丹，只进行了一点简单的训练，便给士兵们发放了步枪。艾伦回忆

2007年5月6日，作者在美国德克萨斯州泰勒市拜访奥利佛·艾伦

说："我是农村孩子，多少还知道一点怎么开枪，有些战士根本不懂。还发了一些物品，有一双袜子，一些内衣。我们被告知几天以后就能够回去。可这一待就待到了 1942 年 4 月 9 日。"

1942 年 4 月 9 日，日军从巴丹防线两翼发起攻击，遭守军顽强抵抗。"我们先是在最前沿，接着撤到了后备防线。后来爱德华·金将军交出了巴丹半岛，拯救了许多条生命。"艾伦是 1942 年 4 月 9 日下午 4 时许被俘的。当时他所在的战斗小组共 10 人，年轻的士兵们还在幻想着试图突围，但收到传达下来的命令是——"投降"，然后全部被缴了械。"我的腰带上挂着几颗手雷，我还没有机会开火。"艾伦交出了身上所有武器，投入一个武器堆里。

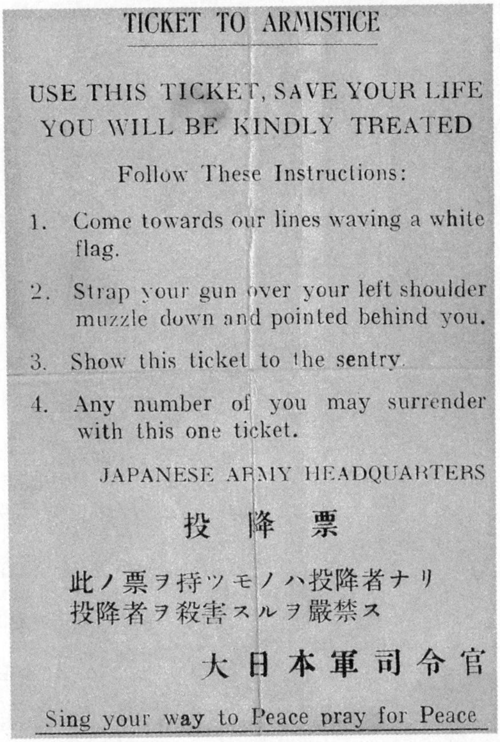
TICKET TO ARMISTICE

USE THIS TICKET, SAVE YOUR LIFE
YOU WILL BE KINDLY TREATED

Follow These Instructions:

1. Come towards our lines waving a white flag.
2. Strap your gun over your left shoulder muzzle down and pointed behind you.
3. Show this ticket to the sentry.
4. Any number of you may surrender with this one ticket.

JAPANESE ARMY HEADQUARTERS

投 降 票

此ノ票ヲ持ツモノハ投降者ナリ
投降者ヲ殺害スルヲ嚴禁ス

大日本軍司令官

Sing your way to Peace pray for Peace

日军在菲律宾战场投下的劝降传单。传单上写着："凭此传单可拯救你的性命，投降者必受善待。"但美军真的投降后，一些士兵却因为被发现身上有这样的传单而没有尽早投降，惨遭日军处决

日军把战俘们赶到一个机场的跑道上，跑道很短，可能只有那些老式的 P-40 战斗机才能使用。当战俘们排队集合后，日军命令全体战俘盘腿坐下。"我想他们可能是要把炮兵调到我们后面，因为我们离克莱吉多的距离并不远，炮兵就是目标，他们可以拿我们作挡箭牌，同时还可以从身后越过我们的头顶开火，这样我们在克莱吉多的炮火就没有办法还击了。""我刚好在队伍的最后排。坐下后，我盘起腿，感觉腿下面有块石头或什么东西，就伸手去摸，结果却摸出了一个手

雷。”艾伦把手雷递给站在身后的日本兵，日本兵接过手雷，跑向10米开外的日军岗楼。“可是就在他拿走手雷的一眨眼的工夫，克莱吉多方向就射来了炮火。”场面乱作一团，战俘们四下逃散。艾伦一口气跑出去2英里多。

艾伦回忆说：“当天夜里，我们就待在路上。第二天早上，又被叫起来，重新上路，（战俘们）排成排，这就是‘死亡行军’的开始。”出发时，战俘们站成四列长队，队伍站得稀疏，绵延很长。四列队伍是间隔开的，每个间隔之间都有日本哨兵巡逻，而且替换得很勤。“4月10日早上8点多，我们上路了。许多日本兵朝和我们相反的方向走。走了没有1英里远，日本兵开始蹿到我们的队伍中间，挨个儿搜身。”日本兵把战俘们的饭盒抢下来，倒掉里面的水，用枪托把饭盒砸扁，再还给战俘。他们还抢走了战俘们的帽盔，弄坏后丢弃在路上。

“我们每人都有一本《圣经》小册子，那是总统签名后作为礼物发给大家的。我也有一本这样的《圣经》带在身上。第一天出发后，太阳还没有升得太高，日本兵把我叫了出来，开始搜身。他发现了《圣经》，做了一个祈祷的手势然后把它还给了我。”艾伦因此幸运地保留下了夹带在《圣经》里的家人照片。“许多战俘因为在搜身的时候被发现身上有日本制造的纪念品或其他东西，结果送了命，因为日本兵会认为，那是从日本人身上抢来的。这就是战争。”

“到了第三天，我遇见了我的两个朋友，其中的一个人患上了疟疾，身体十分虚弱，已经支撑不住了，另一个人一直搀扶着他。我也上前去帮他，让他搭着我们两个人的肩膀，扶着他继续前行。身体较好的那个叫雷伊，他身上还带着一些饼干和糖。”艾伦说：“雷伊，能不能把你的饼干和糖分给他吃一点儿？”“不，伙计，要把它留到最困难的时候。”艾伦心想：“真不知道，还有什么时候会比现在更困难。”走了几步，三个人全都瘫坐在路上，后面的队伍从艾伦的肩膀上踩过去，他们不得不再次起身，继续前行。

走了不足 2 英里，日本人对战俘们施行了“暴晒”。当阳光照射最毒辣的时候，他们把战俘们赶进了一个铁丝网围成的空地，直接用烈日灼烤，一点遮挡也没有。进入场地的时候，战俘们要把身上所有的个人物品取下，扔到一旁。艾伦回忆说：“我的那本小《圣经》没有拿出来，可是那个帆布背包和里面的糖却没能逃脱。”

战俘们就在暴晒的场地里待了一天。等到再次上路的时候，日本兵要求战俘不得互相搀扶，必须自己走，更不许抬起战友走。艾伦的那位患上疟疾的战友再也支撑不住了。“最后，他死在了路上。去世之前我就在他身边，他说：‘我还行’，可是就在那一两天之后，他就死了。”所有的事情交织在一起，简直就是噩梦。战俘们一点点地前进着，“快到达终点的时候，原来绵延的队伍已经所剩无几，从排尾几乎能够看到队伍的排头了。”

美军战俘在“巴丹死亡行军”途中

艾伦后来还在行军中遇到了另一位战友。此时，他已经病重不起，他对艾伦说，自己要回家了。艾伦说：“很高兴听到这个消息。记得你跟我说起过你的爸爸、妈妈，还有你的小妹妹。”可是，战友说：“我躺在这里，不可能回家了。我为我的国家担心，我们打了败仗……我是要去天堂了。”两天以后，他就死了。艾伦不得不亲手将战友的尸体掩埋。他说：“当然，这十分悲伤，可是又必须去干。我们上午出去挖坟坑，就是在地上挖个坑，尽可能的深，下午再带上所有的死人出去。日本兵不允许摆放尸体，只是把尸体丢进坑里。丢下去，把他们埋上。他们不允许举行任何仪式。”

沈阳战俘营幸存美军战俘罗伯特·罗森道尔（Robert Rosenthal，战俘编号：127）在巴丹战场上曾经是空军机械师，后来参加了地面战斗。“战争开始的时候我们就损失了所有的飞机，失去了空中战斗能力，所以我们被转为地面战斗人员，部署在海岸巡逻，成了海岸巡逻兵，防止日军从另外的方向过来。”

一股日军在罗森道尔防御的海岸登陆，双方发生了小规模的交火，日军被击退。罗森道尔亲手俘虏了一个日本兵。他回忆说：“他（日本兵）游上了岸，但是肩膀受了伤，失了很多血，已经精疲力尽。”罗森道尔和战友一道用担架抬着受伤的日军俘虏，把他送上军车，去医疗站救治。

1942 年 4 月 9 日，罗森道尔接到“投降”的命令，“因为前线已经崩溃了。我们已经没有了弹药，实际上，我们实行伙食限制也有 3 个月了。每个人都很疲惫，食物短缺。因为要投降，所以我们接到的指令是销毁武器。”

罗森道尔和战友们销毁了武器，前往集结地。“日本兵把我们排成排，朝一个小山走去。我尤其记得日本兵对待我们十分狠毒。我们开始了离开巴丹的行军。许多人患上了痢疾、疟疾，身体状况十分糟糕。有的缠着绷带，我们本来已经不应该走路了，很多人都是这种情况。很少有水喝，只有当时随身带着的一点水。没有吃到食物……整个 5 天的行军中只得到一个

结束死亡行军后美军战俘在掩埋死亡的战俘。为了反击美国人对日军死亡行军暴行的揭露，日本人甚至在它所控制的《马里拉时报》上指责称，死亡发生的根本原因是因为美国人要坚持战斗直到士兵们已经濒临死亡的边缘才决定投降

米饭团、一次水。”队伍白天行走，到了晚上集中在某个地方，根本没有卫生设施。“沿途发生了很多杀害、虐待的事情，尤其是对菲律宾军人。沿途我看到许多被杀的人，这些都是走在我们前面的人，如果掉队了，就要被杀掉。他们用刺刀刺杀或枪杀。这就是巴丹行军发生的事情。”罗森道尔到达目的地后自愿去参加劳动，劳动内容是掩埋尸体。“我们一天埋了 1000 具尸体”罗森道尔说。

沈阳战俘营幸存美军战俘军医埃尔莫·沙巴特（Elmer Shabart，战俘编号：4）难以忘记在“死亡行军”中经历的一幕。行军途中，一名战俘患上了阑尾炎，疼痛难忍。在没有麻药，没有手术刀，没有缝合线……没有任何手术条件的情况下，沙巴特就用路边随手捡来的破玻璃和破线头，用开水消毒，为战友做了阑尾切除手术，并撕扯了一些破衣服来包扎伤口。“动手吧，医生。如果终有一死，我宁愿战死！”战友的这句话一直在支撑着沙巴特。好几次，沙巴特都是这样冒着风险，用随手捡到的破玻璃当手术刀，进行“手术”，什么医疗程序，什么消毒规范，根本无从顾及，唯一的目的就是抢救战友的生命。

日军攻陷巴丹之后便准备开始凭借所占据的地理优势，向拥有完善隧道防御体系的克莱吉多岛发起攻击。岛上13000名

“死亡行军”途中的美军战俘。直到1944年1月27日，美国政府才告知公众日军在菲律宾战场所犯下的“巴丹死亡行军”等虐俘暴行

温莱特中将（左二）与本间雅晴（右三）在投降谈判桌前

美军和菲律宾士兵遭到了一百多门大炮几乎持续不断的炮击。炮击密度如此之大，以致幸存者都认为，对他们的轰炸好像是巨型机关枪在开火，而不是加农炮在射击。

迫于日军的强劲攻势，在克莱吉多一线作战的美军最高指挥官温莱特中将终于无力挽回颓势。由于军需、给养已经完全中断，加上饥饿和热带疾病的困扰，想凭借第一次世界大战时期的武器装备来抵抗武装到牙齿的现代化日军，是天方夜潭，克莱吉多的失守仅是一个时间问题。

5 月 5 日，温莱特将军先后 3 次通过广播向日军司令本间雅晴发出了停火建议，希望双方于次日中午 12 时同时停火，称届时美方将在克莱吉多的显著位置升起白旗，派出人员与日军联络投降的具体事宜。与此同时，温莱特将军最后一次致电美国总统罗斯福："……鉴于毫无解脱之希望，我感到结束这种无休止的流血和牺牲是我对于国家、对于我英勇将士们的责任……我将怀着万分遗憾、也怀着我军传统之尊严，前去会晤日军司令。再见，总统先生。”

5 月 6 日正午，温莱特下令降下美国国旗，升起白旗，这是他军事生涯里做出的最为痛心的命令。美军总部所在地马尼拉隧道西入口处升起了白旗，但日军没有回应，连天的炮火依然向克莱吉多袭来。温莱特命令再向日军发送投降广播。将近午后 13 时，在马尼拉湾巴丹一侧的本间雅晴获知美军已经举旗示降，意识到终于全面占领了菲律宾。他吩咐部下带温莱特来见他，并叮嘱要确保此番是包括所有剩余有生力量的菲全境投降，而不能仅限于马尼拉湾周边防线的投降。然而，本间雅晴并没有下令停火，他要继续向美军施压。日军继续炮轰克莱吉多，地面部队也继续向美军的大本营马尼拉隧道逼近。此时，本间雅晴不只是一个军事意义上的胜者，更是心理上的强者，他知道即便是接下来的投降谈判，他也将牢牢主宰着话语霸权，这种心理强势当然也是日军在战场上的绝对强势的写照。

其实，无论是本间雅晴还是温莱特，心中都在盘算是局部还是全面投降的问题。就温莱特而言，他提出克莱吉多的投降只代表马尼拉湾防线的投降，意图在于保全位于菲南部米沙鄢——棉兰佬地区尚存的一小股有生力量。这支部队由沙普将军领导，此前曾经归属温莱特指挥。为了保全这支力量，温莱特在决定投降之前，特意致电沙普，把对他的管辖权交还麦克

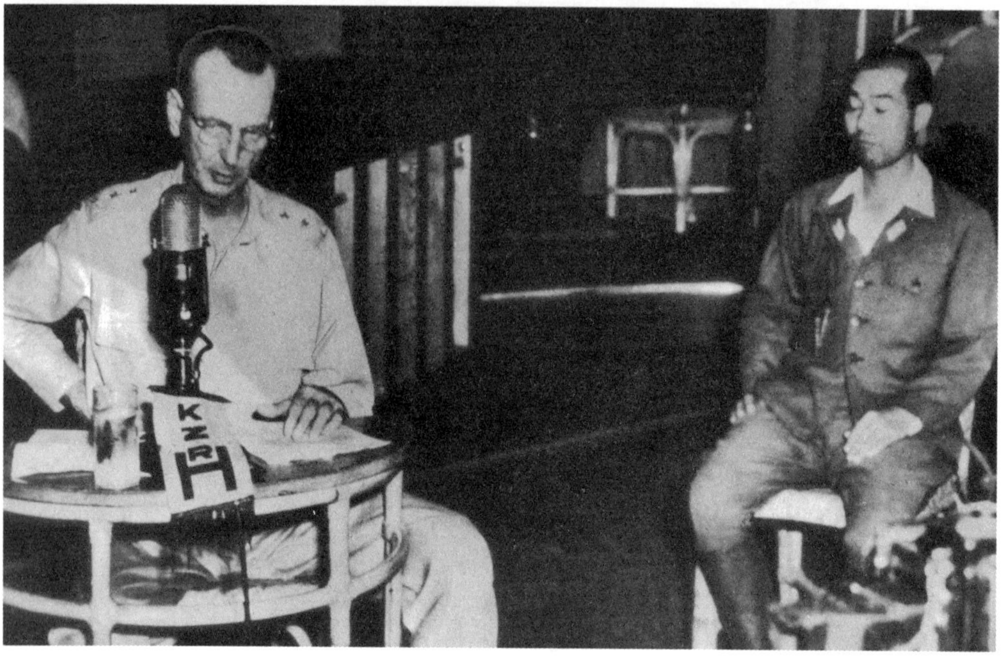

在日军的安排下，温莱特将军于5月8日凌晨1点通过马尼拉的KZRH广播电台宣布了美军在菲律宾全境全面投降

阿瑟。然而，本间雅晴在这个问题上寸步不让，当温莱特费尽周折前来与其谈判时，两方在这个问题上陷入僵局。在双方各持己见情况下，本间雅晴拂袖而去，甚至扬言要么全面投降，要么继续开战。

当然，此时的温莱特已经没有了谈判砝码。除了最终全面投降，他别无选择。最后，在日军的安排下，温莱特于5月8日凌晨1点通过马尼拉的KZRH广播电台宣布了：美军在菲律宾全境全面投降。5月9日，投降被正式接受，日本人正式向温莱特宣布："你麾下的部队已经投降；你的最高指挥权终止；现已成为战俘，即日起送往塔尔拉克战俘营"。至此，温莱特将军成为美国历史上军衔最高的战俘，菲律宾的沦陷也成为美军历史上最大规模的缴械投降。

珍珠港被轰炸的消息传到菲律宾时，奉天战俘营幸存美军战俘罗伊·韦佛（Roy Weave，战俘编号：610）正因患黄疸病住在医院里。"可是战争一爆发，我的病就好了。"最初，韦佛担任机枪手，被派往菲律宾甲米地市守卫海军船坞。1941年12月10日，日军猛烈的炮火摧毁了船坞，于是，韦佛驻守地

2007年5月11日，作者在美国爱达荷州访问韦佛：汽车牌照文字“前战俘”

点不断变换。

12月28日，在巴丹度过圣诞节后，韦佛又被派往克莱吉多附近的一处孤岛上的要塞驻守，主要任务是海岸防卫。在以后的几个月里，韦佛所在阵地虽然每天都遭受日军炮火轰炸，但是一直坚守到5月6日温莱特将军宣告菲律宾全境投降。“这一天最令人伤感。”韦佛回忆说，“当亲眼看到美国国旗降下、白旗升起的那一幕，内心的感受难以用言语表达。”

在场执行降旗仪式的人员有邦克上校、西蒙茨中校、爱迪森中校、库珀上尉以及邦克上校的勤务兵兼司机二等兵维尔希和团部司机二等兵德尔。奉天战俘营幸存美军战俘瓦尔·加维托（Val Gavito，战俘编号：1026）亲历了克莱吉多“降旗”的悲壮时刻，“我就在现场，亲历了降旗仪式，现场气氛肃穆严峻。”加维托回忆说，“在场的还有我和其他一些士兵。邦克上校下达降旗仪式开始的命令。旗帜缓缓降下，我们面向旗帜站立敬礼。旗帜被我们从绳子上取下，避免她触碰地面，然后就直接送进了已经在一旁熊熊燃烧的火堆中。”国旗完全烧尽后，又升起一面白旗。降国旗和升白旗的整个过程中，很少有人说话，之后大家也相对无言。结束后，大家默默地回到各自的岗位上去了。

奉天战俘营幸存美军战俘约瑟夫·瓦特（Joseph Vater，战俘编号：974），来自美军第803工兵营，驻地在克拉克空军基地附近的奥德内尔。瓦特回忆说："在克莱吉多投降之前，已是一片混乱，没有人通知我，克莱吉多已经投降了。我所在的战斗小组有炮兵、水兵，我是步兵，负责指挥的是海军陆战队队员。"投降后，在把我们押送到卡巴纳团战俘营的途中，日本人特意让我们沿着杜威大道行走（杜威大道以1898年马尼拉湾战役中击败西班牙海军的美国海军上将乔治·杜威命名，是一条沿着马尼拉湾海岸的海滨大道，以落日和椰子树著称），在马尼拉城里游街示众。

从马尼拉、巴丹、克莱吉多……菲律宾战场上被俘的75000多名盟军战俘绝大部分先被转押到在卡巴纳团所设的三个战俘营，占地约100公顷，是日军在远东设立的最大战俘营。这里曾经是菲律宾陆军第91师的训练营地，现在已经被铁丝网团团围住。

5月25日，首批来自巴丹的美军战俘被关押在3号战俘营，3天后，大约6000名来自克莱吉多的美军战俘也被送了进来。另有约15000名来自克莱吉多的美军战俘被关押到2号战俘营，后因营地内无供水条件，这些人被转移到1号战俘营。由于 1 号战俘营的许多战俘来自巴丹，身体情况很差，加之卫生条件恶劣，医疗条件匮乏，出现了大批战俘死亡的情况。

“我是巴丹行军中年龄最小的战俘，”奉天战俘营幸存美军战俘罗伯特 · 布朗（Robert A. Brown，战俘编号：190）总是这样介绍自己。1940 年，欧洲战场的战事正酣。布朗的哥哥以及布朗的一个最要好的朋友都参了军。“我硬是央求着父母签字，证明我已经年满 18 岁，其实我当时才 16 岁。我就是要参军。”1940 年 10 月 2 日，布朗成为美国陆军航空兵，被分配到第 34 歼击机中队，1941 年 10 月奔赴菲律宾。

“1942 年 4 月 9 日巴丹投降后，我在 4 天 70 英里的行军过程中，见证了我的战友们或被枪杀或被刺杀。”几十年过去了，“巴丹死亡行军”依然令布朗噩梦连连。“在死亡行军途中，我亲眼看见日本人把两名战俘的头砍掉，还强迫我们观看。这样的一幕实在难以忘记。这样的事情我很少对别人讲，因为人们对此难以相信。”

结束“死亡行军”，布朗先是到达位于吕宋岛中部的奥德内尔战俘营，1942 年 6 月又转到卡巴纳团战俘营。“在那里，60 天的时间里死了 1300 名战俘。因为我是战地卫生兵，所以我被派去一个最糟糕的工作地点，那是痢疾患者病房，那里的人都是快要死了的人。”

当年同在巴丹战场作战的丹尼尔 · 罗伯茨（Daniel Rob-

美军战俘丹尼尔·罗伯茨（左）获得解放后在沈阳战俘营合影

erts，战俘编号：1483）的遭遇同样骇人听闻。2012年，丹尼尔接受采访时告诉我，巴丹投降前夕，他在一次执行运输任务时生病被俘。日军把他和另外3人带往科里克莱吉多岛附近的工厂里。“他们让我们站成一排，然后就用枪托、链条、竹棍打我们。那时的天气热极了，阳光火辣辣地直射下来。”

丹尼尔和他的同伴被日本兵装上卡车，不知道去往哪里。后来，来到比立比德监狱。因为殴打和疟疾等疾病，这里平均每天都有二三十人死去，日本兵把尸体挂在外面，任凭风吹日晒。“我们埋葬一具尸体时，我看到死尸的胃里钻出一条绿色的蛇，我们只是把尸体往水坑中一扔，然后尽快盖上土。”

随后，日军开始陆续向日本本土及占领地派送大批战俘劳工。1942年6月间，在相继攻占新加坡、缅甸、荷属东印度之后，日军大本营发出命令：在一年之内，在泰国和缅甸间修建一条铁路，以确保在缅日军的物资和兵力的运输，严防盟军从孟加拉湾一线对日发起反攻。与此同时，这条铁路对于日军对印度展开的进攻也至关重要。日军大规模调用的人力包括5万盟军战俘和20万强征的劳工。由于极端恶劣气候、超强度劳役、营养严重缺乏、大范围蔓延的热带疾病以及缺医少药等原因，铁路修建过程共造成1.6万名战俘和超过50%的劳工死亡，泰缅铁路因此得名“死亡铁路”。“巴丹死亡行军”“泰缅死亡铁路”“南京大屠杀”被战后的远东国际军事法庭裁定为日军在亚洲犯下的三大暴行。

地狱之船

“你将会发现那是一个美丽、富饶的地方，那里有好多美食、海鲜、水果，附近还有海滨浴场。是的，你们一定会喜欢上花莲。”一名日本军官诱骗即将从菲律宾启程去台湾的温莱特将军说。温莱特将军被俘后，先后被关押在6个战俘营，分别是菲律宾的塔尔拉克战俘营、台湾花莲战俘营、台湾玉里战俘营、台湾木栅战俘营、郑家屯战俘营（奉天俘虏收容所第一分所）、西安县战俘营（奉天俘虏收容所第二分所。）

太平洋战争期间，日军在亚洲各地设立了战俘营，并有许多运输船专门用来移送战俘。船上拥挤不堪，卫生环境十分恶劣，致使许多原本已经染病或身体虚弱的战俘在押运途中死亡。加之日军不按照国际惯例，为运送战俘的船只加饰红十字标示，因此，运输船常常遭到盟军的袭击，造成大量伤亡。有人将日军这种运送战俘的船只称作“地狱之船”。

据统计，在日军运送战俘的58艘船中，有6艘在离开马尼拉后被盟军炮火击沉，数以千计的战俘就此死于非命，其中死亡的美军战俘就多达5千多人。而从马尼拉和新加坡出发的

"鸭绿丸"

"地狱之船"先后运送了约6.8万名盟军战俘，其中有约2.8万名战俘死于自己一方的炮火之下。

奉天战俘营幸存美军战俘威廉姆·迈纳（William Miner，战俘编号：1915）回忆了他在一艘"地狱之船"上所经历的劫后余生的一幕：

1944年12月13日下午，1619名美军战俘被押解上日军的"鸭绿丸"。这原本是一艘日本邮政船，战争期间被日军征用。日军将战俘们塞进轮船的舱底，然后锁上舱门。舱内拥挤不堪、令人窒息，只容半数人坐下，其余人只能站着。同船的还有一些日本军人和平民，他们都在上层的客舱或甲板上。

出航约1小时后，就有战俘因舱内闷热和空气稀少而昏厥。船上没有饮用水，战俘们开始还能够用登船时携带的水解渴，可是过了8小时后，一半的人就"弹尽粮绝"。头天夜里，战俘们个个像疯了一样，歇斯底里地吼叫着，互相厮打着，漆黑的船舱内乱作一团，不时听到有人喊“救命!”。到了第二天早晨，透过照射进来的些许光亮，隐约能看见横倒竖卧的战俘们互相挤压在一起，有 15 到 20 名战俘死了。死者的身上特别是喉咙和手腕处都有明显的被牙咬的伤痕。很显然，饥渴难耐的战俘已经完全丧失了理智，以至于像野兽一样吸食同伴的血解渴。

12 月 15 日，发生了更为悲惨的一幕。轮船连续两天遭到盟军战机的攻击。10 时许，一枚炸弹径直投进战俘所在的底舱后爆炸。一时间，船舱里血肉横飞，200 多名战俘当场被炸死。惊慌失措的战俘开始拥向舱门，争抢着往舱外跑。站在舱外的日本兵把守着舱门，向纷乱的战俘们开枪射击，甚至把手榴弹扔进船舱。即便这样，还是有战俘逃出船舱，一头跳进海里。

日本兵继续向在水中逃亡的战俘射击，许多跳海逃生的战俘最终还是没能躲过厄运。历经这次劫难，活下来的战俘仅有 1333 人。这些战俘又被转移到另外一艘货轮“江尻丸”上。然而，“江尻丸”再次遭到盟军攻击，战俘又被转移到另一艘“伯刺西尔丸”上，直到 1945 年 1 月 29 日抵达日本时，最初从菲律宾登上“鸭绿丸”出发的 1619 名战俘只剩下 490 人。

1942 年 10 月 7 日，一艘名为“鸟取丸”的“地狱之船”从马尼拉 7 号码头驶出。此刻，船上搭载着近 2000 名美军战俘，他们对未来一无所知，不知道要去往哪里？也不知道命运将会如何？

“我很不愿意回忆那个航程。被选出来后，我们被用火车送到马尼拉，从火车站步行到7号码头，登上了日本人的船，是一个蒸汽轮船，2000人挤在一个船舱里，密不透风”，幸存美军战俘奥利佛·艾伦至今不愿回首:“船上黑暗闷热，船开出马尼拉湾后不久就抛锚停了下来，战俘们待在船舱里，不许到甲板上去。5加仑的空油桶就是厕所，一共有两个，分别放置在两个拐角处。船舱里竖着的木头柱子上横搭着木板，像架子一样，我们就住在上面。这么多人挤在这么小的空间里，一个个像沙丁鱼一样挤在里面。

食物也是通过那些5加仑的空油桶拴上绳子传递下来。直接分发到我们手里，没有餐具，没有器皿。我自己有一个小饭盒盖子，铝制的，这么一个小东西（用来盛食物）。食物分发得十分混乱，有的人得到一点点，有的人得到很多，有的人什么也没有得到，因为根本就没有人管理，没有组织，现场混乱不堪，冷酷无情。我说得比较直白，大家都已经没有了军人该有的基本纪律和克制，已经变成一群冷酷无情的人，因为大家是在争取生存，是那种最本能的求生。”

“不出所料，在这样恶劣的环境和条件下，开始有人死了。”奉天战俘营幸存美军战俘詹姆斯·波利奇（James Bollich，战俘编号:1439）回忆起在“鸟取丸”上发生的一幕至今仍唏嘘不已。“起初还只是每天有一两个人死亡，前面这些天大家都幸存下来。但是到了后来，一天就有好几个人死亡。”

许多人都是在夜里死去的，早晨尸体被拉出船舱，丢进海里。到了夜晚，幸存战俘们备感压抑，因为漆黑的船舱里总是不时传来痛苦的呻吟声。

一天夜里，船舱里突然乱作一团，不时传出吼叫和厮打声。黑暗中，谁也不知道究竟发生了什么，仅凭声音判断，好像是有很多人扭打在了一起。第二天早晨，眼前的一幕让战俘们大吃一惊。原来，曾经有一名战俘一直很压抑地呆坐在一角，终于在昨晚精神崩溃，他拿着饭盒在黑暗中胡乱挥打，在他周边的人都被打倒。最终，其他人再也无法忍受，一哄而起反击，就用他的饭盒把他活活打死了。“人们把他的尸体从船舱里拉拽出来，连同其他几名死亡战俘，一起扔进了大海。他们的痛苦和烦恼就这样结束了，他们解脱了。”波利奇说。

幸存美军战俘罗森道尔也在“鸟取丸”上。他回忆道：“到了10月，我被安排离开。我们沿着铁路线来到马尼拉，然后被押上了日本人的运输船，一艘很陈旧的货轮。2000名美国人先上了船，然后又上来了2000名日本人，他们是从战场上换防下来返回日本的。（有分析认为，日本兵搭乘运送战俘的船，是为了躲避盟军袭击）”罗森道尔当时已经染上了十分严重的痢疾，登船不久后就倒下了。战俘们被塞进一个船舱，800多人挤在一起，像沙丁鱼罐头一样。“没有卫生间，就拿放在角落里的一个5加仑的桶来充当，而且他们用同样的桶往船舱下面递送食物。船舱里面毫无组织，就像是一群动物，情况十分糟糕。”

登船离开马尼拉不久，大约出海三四天后，有人向“鸟取丸”发射了鱼雷，为了躲避鱼雷的袭击，船头猛然掉转过来，船舱内的人便狠狠地撞在了一起。船身后部发生了剧烈的碰撞，有几个日本兵被撞死了。所幸“鸟取丸”还是躲过了两枚来自盟军的鱼雷的攻击。船继续航行，抵达台湾高雄港，再从那里转往其他地方。

“地狱之船”虽然躲过了盟军炮火的袭击，但船上的战俘却依然没能躲过死亡，肮脏拥挤的环境让身染痢疾等肠道疾病的战俘病情加重，还未到达目的地就不幸死亡。艾伦回忆说:“刚刚到台湾高雄，就有一些战俘死了，被抬下船。”罗森道尔说:“我们到了台湾后，有 15 到 20 个人被抬走了，他们都是年纪大一些或是病重的人，已经支撑不住了，所以被带下了船，后来就再也没有看过他们回到船上。”船到了高雄后，战俘们都被赶下船，日本人用水枪把他们全身上下冲洗一遍，然后又押回船上。轮船补充了燃煤和淡水，又继续启航。罗森道尔回忆说:“我们在那里停留了 4 天多，天气非常热，日本人允许我们走出船舱，然后用水冲洗我们，就像猪一样”“离开了台湾，我们又到过位于台湾和大陆之间的一些岛屿，在那里停留了一个星期，然后我们沿着中国的海岸线朝釜山行进。”

奉天战俘营幸存美军战俘詹姆士·布朗（James E. Brown,

战俘编号：333）在日记中记下了这次航行：

10月6日：在马尼拉港7号码头集结。

10月7日：登上“鸟取丸”。破烂的船舱临时间隔起来，只有2.5英尺高，挤在里面像是罐头里面的鱼。

10月21日：我们两个同伴死了。进行了海葬。日本船长折断了海葬仪式上使用的美国国旗。

10月27日：到了高雄港口。又有一个人死了，10个人被送往医院。开始往船上运煤，补充水。

11月3日：又死了两个人。

11月6日：又一个同伴死了。

11月7日：又死了一个人。

在轮船航行中死了的人，双脚被绑上重物，直接从船上抛下大海。就这样，在到达釜山之前这段航程里，就有二十几具尸体被从船上扔下大海。幸存美军战俘罗伯茨说，从马尼拉到韩国釜山的路程他们坐了整整1个月的船，有的战俘死在船上。“我记得他们在船上是怎样处置尸体的。他们把尸体放在船尾的一块木板上，然后把板向外倾斜，把尸体直接扔进海里，这样就算把尸体埋葬了。”

同在“鸟取丸”上随行的美军战俘军医沙巴特回忆道：“再继续向北航行，气温就转冷了。死去的战俘就被抬到甲板上，我们默默肃立，然后把他们丢进大海。”许多人开始出现上呼吸道感染继而引发肺炎。对此，沙巴特也束手无策，“没有设备，没有药品，至此，我的战俘生涯的主题曲就是‘抱歉，无药可医’。在船上，有一名战俘的手臂摔骨折了，我只能靠捡来的一个废弃的盛装水果的木头盒子和一些帆布条，给他骨折部位做了固定。”

“当时我们就是一群被贩卖的牲口，我们不知道要去哪里。”罗森道尔回忆说，到了釜山，战俘们又都被带下船。日本人把战俘们全都脱光，然后命令他们从船上走下来，日本人在一旁往他们身上喷洒杀虫剂。“就往人群里这么一喷，说是要清除虱子，我们都被呛得喘不过气来。”下船后，战俘们集结在码头上，日本人给战俘们发了“新衣服”——都是很旧的日本服装，有的还有补丁。“那是日本人在1904年日俄战争时得来的东西，他们保存了这些东西，现在拿给我来穿。全都是40年的老衣服。”罗森道尔说。“我们乘坐火车去满洲。从朝鲜釜山到满洲的火车上，我们吃到了和日本人一样的饭菜。这是一路来我们第一次吃到像样的饭菜。在这之前，我们吃的尽是杂物，喝的是浑水。到了韩国，我们得到了一个小纸盒，里面有米饭，几条鱼，上面还有一些泡菜。这是我们第一次吃到干净的饭菜。”

一些战俘在釜山“掉了队”，美军战俘波利奇就是其中之一。波利奇回忆说：“1942年11月8日，船到达釜山靠岸时，我病得实在太重，身体已经十分虚弱，无法随队继续前行。”波利奇和大约60名战俘一道被抬下船，并滞留在当地送医。在釜山，经过数周的救治，战俘们的病情有所缓解，便继续前往奉天(今沈阳)。“上火车的时候，日本人交给我们一些罐子，里面装着骨灰，那是在釜山死去的战友，我们带上他们一起前往奉天。”

根据奉天战俘营美军战俘军医马克·赫波斯特（Mark Herbst，战俘编号：3）日记记载，“鸟取丸”从马尼拉到釜山的海上航行期间，有11名战俘死亡，在停靠高雄港时确认死亡12人，到釜山港时又有53人确认死亡。

漫长的航行转移途中，温莱特将军大部分时候有自己独立的房间，虽然基本的生存不至于受到威胁，但他丝毫没有逃过日本人对他人格上的羞辱。一天上午，温莱特被日本人带到甲板上，让他作“模特”为一个日本画家摆个姿势，原来画家正在作一幅温莱特向日军投降的画，画作完成后将被送到东京天皇手中。把战俘当作战利品任意践踏、羞辱，或拍照或画画，这样的事不只发生过一次。

活着到达沈阳的战俘们身体状况都已经极差。“到达奉天的时候，我的体重只剩下82磅了。平时，我的正常体重会是165磅。然而，我的脚却大了许多，因为我患上了脚气病。”布朗极不情愿再去回忆在“地狱之船”上那段梦魇般的过往，“那真的就是地狱。”

沉默并不代表遗忘。2007年作者来到布朗家中采访，这是作者第四次见到他。布朗的家位于美国加利福尼亚州南部山区一个叫布朗斯维尔的小镇。布朗说，在美国西部大开发的年代，他的祖辈们就已经来到这里，经过几代人的冒险打拼和艰苦创业，布朗家族创造和积攒下了相当规模的财富，其中当地周边数百公顷的山间林地，都是布朗家族的财产。就在这片林地中，有一处布朗家族的私人墓地，他的父辈们都埋葬在这里。“我十分希望自己死后能够埋葬在爷爷的墓旁”。但是，为了保护原始生态环境，当地法规规定必须先经过火化，然后才能把骨灰埋葬在山林里；如果有人执意选择土葬，就只能埋在公共墓地了。对此，布朗的内心万分挣扎。“我真的很想陪伴在爷爷的身旁，可是我也真的不愿意被火化，因为我已经下过地狱了，那是在‘地狱之船’，在奉天，我已经下过两次地狱了……”

奉天丧钟

太平洋战争爆发后的半年多时间里，日军先后攻陷了泰国、香港、马来亚、菲律宾、荷属东印度、缅甸、所罗门群岛及阿留申群岛部分地区，俘获美军约2.7万人，英、澳、新西兰等英联邦国家战俘约13万人，荷兰战俘约11万人。大部分战俘被就地关押，因此除本土外，日军在其占领下的奉天、上海、台湾、香港、海南、朝鲜、马来亚、菲律宾、泰国、爪哇、马来西亚等地设立了104所战俘营本所及分所或派遣所。被移送到奉天的战俘主要有两类，一类是具有专业技术的战俘；一类是盟军的高级军官战俘。

为什么是这两种人？因为作为“满洲”重镇的奉天，对日本具有特殊意义。

日本视“满洲”为“生命线”。经济上，自九一八事变后，中国东北的经济已经完全被纳入日本的战争体制，建立起完善的工业体系。据统计，截至1944年年底，日本奉天铁西工业区的企业多达323家，其年工业产值占当时奉天全市60%以上，尤其到了战争后期，“满洲”的工业生产总量甚至已经超过日本本土。作为工业重镇，奉天集中了日军在东北地区的主要工业特别是军工业、机器制造业，为了维系战争的进一步需要，亟须投入大量有专业技术的劳动力，而具有技术背景的战俘正好成为满足日军需要的人力资源。

政治上，“满洲生命线论”在日本军国主义者的思想里根深蒂固。日本军部曾发布命令，要求所有记者、演讲者都必须宣传“满洲是日本的‘生命线’，日本必须囊括满洲”。当日军在太平洋战场上的战事日益吃紧，特别是当战事发展到美国即将攻打日本本土时，日本国内一些人主张放弃本土，集中力量保卫“满洲”，由此，日军精心挑选了一批被俘的盟军高级军官，转移至奉天，在战场胜负大势已去的情况下，企图将他们作为战争的筹码。

在这样一个大的历史背景下，日军在奉天设立了二战期间唯一一个永久性战俘营。

1942年10月20日，日本关东军下令开始着手组建战俘营，10月31日“奉天临时俘虏收容所”在奉天独立守备步兵第一大队内编组完毕，11月1日进驻北大营战俘营驻地。战俘营日军人员的构成情况为——所长：松山季友大佐（上校）；庶务系长官：寺尾豊中尉；监视系（兵器系）长官：三木遂中尉；情报系长官：村田弘政中尉；粮秣系长官：山浦平三少尉；被服阵当具系长官：深沢胜藏少尉。11月11日，开始正式收容盟军战俘。

第一批到达奉天的盟军战俘共1428人，其中有在菲律宾战场被俘的美军战俘1328人，在新加坡战场被俘的英军战俘84人（包括新西兰人）和澳大利亚战俘16人。1943年，国际红十字会视察奉天战俘营，据其视察报告披露，截至1943年11月13日，奉天战俘营在押盟军战俘人数为1274人，其中英军战俘84人，澳大利亚战俘16人，美军战俘1174人。战俘中军官23人，士官545人，士兵706人，年龄最大的57岁，最小的21岁。以后的几年间，因为战俘的迁移或死亡，在押战俘的人数不断变化，到1945年6月30日，奉天战俘营在押盟军战俘人数为1709人，新增77名荷兰籍战俘。战俘营中共有250名战俘死亡，其中3人被日军枪毙，1人失踪。截至

奉天俘虏收容所正门

1945 年 9 月 11 日，共有 1698 名盟军战俘获救撤离奉天。

奉天战俘营曾经被日军标榜为“设施最佳和管理最好的模范战俘营”，经常有日军的宣传机构前来采访、拍照片、拍电影，宣传战俘们在这里生活得如何“安逸”。然而，事实当然不是如此，战俘们的生活不但不“安逸”，反而饱受劳役、饥饿、寒冷和疾病的折磨，加之缺医少药和日军非人的虐待，这些都给战俘的存活带来了巨大挑战。

以美军战俘为例，他们在菲律宾战场鏖战 4 个多月并始终处于劣势，后勤补给严重短缺，最终投降。士兵们的身体和心理本已遭受严重创伤，被俘后不仅经历了残酷的“巴丹死亡行军”，还在前来奉天的“地狱之船”上历经艰苦的海上跋涉，整体而言，美军战俘的健康状况都十分糟糕。对此，就连奉天战俘营司令官松田元治也不得不承认。松田元治曾对来访的国际红十字会代表朱诺坦诚：“战俘们最初从热带来到这里，身体状况十分令人同情，他们穿着衬衣和短裤，很难熬过奉天寒冷的冬天。许多人死于肺炎和反复发作的疟疾。”

1942 年 11 月 11 日是第一次世界大战停战纪念日，就在这个特殊的日子，战俘们在经历了残酷的“巴丹死亡行军”和艰难的“地狱之船”的海上跋涉后到达奉天

果然，初到奉天的第一个冬天，战俘大量死亡。由于天寒地冻，无法挖掘，尸体无法掩埋，只得堆放在库房里。罗森道尔回忆说：“初到奉天我们就被眼前的一幕惊呆了。下了火车，地面已经上冻了，天还在下雨，到处都被冰覆盖着，路面上的冰有半英寸厚。”

战俘们来到一个废弃的兵营，它位于奉天市北郊，占地 18 公顷，曾经是东北军的营房，人称“北大营”。1931 年 9 月 18 日夜，日军炮轰“北大营”，攻陷奉天城，占领东北三省，继而开启了罪恶的侵华历史。此时，盟军战俘的到来，让“北大营”再次跃上历史的舞台，它也再次把中国的抗日战场与世界反法西斯战争紧密地联系在了一起。

“北大营”营区南北长约 240 米，东西宽约 180 米，共有 19 处营房以及其他附属设施如医院、厨房、仓库、厕所等房屋共 27 处。战俘营四周被铁丝网包围，铁丝网高约 1.5 米，有里外两层，两层铁丝网间有约 2 米宽的中间地带，是“无人区”，任何人未经允许进入“无人区”，格杀勿论。营区内每隔几步就有一个岗楼。远远望去，一个个营房就像是一座座巨大的坟茔。

雨和着雪下个不停，战俘们站在冰冻的雨雪中等候着日本军官的到来。罗森道尔说：“我们站成排，在那里待了2个小时，等着日本军官来讲话。他故意拖延时间，让我们待在雨里淋了两个小时，他当时就（藏）在那里，我想可能是想让我们凉快一下。然后，他做了简短的讲话。”

给战俘讲话的是日军奉天战俘营的首任司令官上校松山季友。他训令战俘们：“我虽然已经57岁，仍然和你们居住在同样不好的条件下，承受着各种不便，为你们操劳……我要求你们严格遵守战俘营里的规定，严格执行我的命令和指示，要向所有的日本士兵鞠躬敬礼！”

这样的瞭望岗楼在战俘营的四个角落各设置一座

“我什么也没听懂。他用日语讲话，然后有一个翻译，但我根本听不懂，或者说听不到。然后我们就散开了。他们给了我们（每个人一个）号码牌，我的号码是127。”罗森道尔说，“我们又湿又冷，也很忙碌。（日本人）给了我们一个帆布袋子，我们填充上草当作褥子，又给了我们一条毯子，一个日式枕头——就是一块布，还有一堆荞麦壳之类的东西，我们用它填充了枕头。然后就去了营房”。“日本人要求每个人都要把自己的东西整理好。”罗森道尔说，“这时候，有日本人进来点名，他们叫‘报数’。每个人都要（用日语）报出自己的号码。必须说对，不然的话日本人会用枪、战刀或手头有的东西把你打倒，真是‘速成学习’，很严厉的教育。”

幸存美军战俘弗朗西斯·斯塔基（Francis Stuckey）保存的战俘胸牌

幸存美军战俘艾伦回忆说:“不管怎么说，到了奉天战俘营算是松了一口气，给我的战俘号码是362。到达战俘营所做的第一件事就是签署‘不逃跑保证书’。拒绝签署的战俘将被视作敌方有生战斗人员。任何人任何时候都要佩戴写有自己战俘编号的号牌，并要求在最短的时间内学会用日语将编号说出，点名时要大声用日语应答自己的战俘编号，否则会招致日本人的殴打。”

战俘们很快就知道，什么是松山司令在训令中所说的“不好的居住条件”了。他们被带进一个半地下式的营房里，这里将是他们休息的地方。这种房屋过去在东北地区被称作“地窨子”，为了御寒，一半建在地上一半建在地下。罗森道尔说:“他们把我们带到了壕坑式的房子。我也不知道这些房子是用来干什么的。有的人说是一个旧的训练营地。”幸存英军战俘亚瑟·克里斯蒂（Arthur Christie，战俘编号:1228）描述说:“战俘住的地方有将近500平方米，有一个炉子，6张通铺，132个战俘睡在上面，每个铺位对应着一个号码，这个号码就是战俘身上的编号。”

这种半地下室的木板房，虽然有一定的保温作用，但是对于1942年冬天的奉天来说，薄薄的、有很多空隙的木板墙是无法阻挡住严寒的。艾伦回忆说:“第一个冬天度过得十分艰苦，我们此前在热带地区都没有经历过冬天。”

罗森道尔说:“真的太冷了，而且还没有取暖用火。供暖

战俘在“地窨子”旁

的时间要等到 12 月 21 日。你能想象吗？总之，要到冬天才供暖。到那时，我们得到一箱子煤，大概有 25 到 30 磅重，整个屋子就给这些煤，根本不够取暖用，要靠身体的热量来保证屋子里不上冻。医生告诉我们呼吸一些蒸汽，可是哪里有什么蒸汽。……每天只给战俘们一饭盒热水，这些热水连睡觉都得带在身边，要不然就冻了。这些水就是一天的供给量。喝过水的人都得了伤寒。”罗森道尔和很多战俘都患上了伤寒、肺炎、脚气等病。“我也染上了脚气病，下肢肿胀得很厉害，要是有谁把手伸进我的马裤，手就卡在那里了。水肿退去以后，开始疼痛，疼得就像要把腿砍掉一样。”

幸存美国战俘拉瑟尔·格罗凯特（Russell Grokett，战俘编号：319）清楚地记得，1942 年 11 月的奉天，气温最低时已经达到摄氏零下 40 度，睡觉时，战俘们都要把所有的衣服穿在身上。洗脸也变成一件需要勇气的事情，“手放进水里，再拿出来就冻得通红了”。他亲眼看到，有的战俘一屁股坐下，就再也没有站起来。

奉天战俘营幸存英军战俘罗伯特·皮蒂少校（Robert Peaty，战俘编号：24）在日记中写道：

1942 年 11 月 11 日，我们抵达的时候，被安置在一个临时战俘营，营房是部分陷入地下的木板房。地上部分的框架是 10 公分见方的柱子，里外两侧钉着木板，中间填充上土。房顶是单层木板抹上一层泥。我连工具都不会堆放在这样的棚子里，可是它们确实就是中国的营房，或者说是“棚户营”。“医院”就是其中的一间棚屋，辟出来作为“医院”。当时曾有 100 多人染上痢疾，而“医院”里只有一个便盆，许多病人因此患上了肺炎并死亡，因为他们不得不从盖着五六条毯子的被窝里爬出来，到摄氏零下 30 度的室外上厕所。

虽然远离了硝烟弥漫的战场，但是战俘们从没有摆脱死亡的阴影。幸存美军战俘罗兰德·肯·塔沃里（Roland Ken Towery，战俘编号:858）和很多战俘一样经受着这种生死考验。塔沃里初到奉天战俘营时，因为营养严重匮乏，染上脚气病。他回忆说："所谓的'医院'就是和营房一样简陋、破旧的木板房。(我的) 双脚和双腿就像是火在烧，又仿佛是钢针扎在发炎的部位，我只好把雪敷在腿上来减轻疼痛。更加严重的是，发炎的双腿肿胀得十分厉害，肿胀从脚上开始，沿着双腿向上发展，如果等到肿胀的部位发展到身上，人就死了。"

塔沃里的病情越来越糟糕，不但高烧持续不退，还开始不停地咳嗽，已经虚弱到无法站立。塔沃里被人用担架抬进了战俘营医院的病房。渐渐地，塔沃里和躺在一侧相邻的病友成了老病号，而另一侧的铺位，在大约 6 周的时间里，前前后后换了五六个人，来一个，没过几天就死了，又来一个，又死了……战俘营里几乎没有药，患病的战俘所能够做的就是"等"。时至今日，塔沃里的脑海里始终萦绕着那十分痛楚的一幕：一位最要好的战友，拖着肿胀的双腿蹒跚着，嘴里不停地鼓励自己"我能挺过去，我能挺过去……"可还是死了。

幸存英军战俘皮蒂少校

英军战俘皮蒂少校在 1943 年 5 月 26 日的日记中写道：

诊断是否罹患腹泻的方法竟然包括让人们到操场上去跑步（我看到有些人还是光着脚在跑）。那

战俘营营房内的床铺

些没有便在裤子里的人，或者没有因体力不支而掉队的人会被认为是在说谎，会被呵斥“滚回去”。已经就此提出抗议，希望在诊断方法和人员上能有所改变。

奉天的严寒是每个生命都要面临的严峻考验。但是，如果能够摄取足够的热量，那么这里的寒冷还是可以扛过去的。于是，战俘们都在期盼着日本人会给他们提供足够热量的食物。但是，饥饿像阴霾笼罩在战俘营。在战俘营里，最令人感兴趣的是：第一，食品；第二，取暖；第三，香烟。食品始终是第一位的。在饥寒交迫、生死未卜的战俘营里，能够多吃一点就意味着多一线生机。每天，战俘从厨房用木桶把食物领回营房，然后再分发给大家。大家会推选出一个人负责分发食物，其他战俘排队依次领取食物，塔沃里就担任过分发者的角色。“干这份活的人经常会因为各种纷争干不了多久，可是我却一干干到了战争结束。”塔沃里说，他的秘诀很简单，那就是分发食物时，先给自己的饭盒里盛上一份，放在木桶旁，然后照

2007 年 5 月 5 日，作者采访塔沃里

此分给其他人。如果有谁质疑得到的食物少，他可以选择把塔沃里的那份换走，把少的那份留下来。“就这样，我的那份食物从来没有人拿走过。”

塔沃里说能给整日饥肠辘辘的人分发食物是一份荣誉，不仅赢得了战友的信任和尊重，更让人懂得了“己所不欲，勿施于人”的境界。2007 年 5 月，塔沃里接受采访时说，他已经为自己在德州公墓买好了墓地，并为自己写好了墓志铭——分发食物的人。

当战俘们真的见到食物的时候，不免有些失望。罗森道尔记得，到了战俘营的第一餐就让他十分失望。他回忆说：“有人拿进来一个木桶，里面是满满的汤，汤里面没有什么东西，有一些玉米、水和白菜，非常稀薄。每个人给了一舀子。医生说，我们每天摄入的热量不多于 800 卡。就这样熬过整个冬天，从 1942 年到 1943 年，情形就是如此，我们有很多人都死掉了。战俘营里存放了许多尸体。到了春天，尸体解冻了，野狗循着气味来到战俘营，我们就开始在战俘营里扑杀野狗，一些狗被战俘杀死吃掉了。这是在战俘营里唯一能够额外搞到的吃的东西。据我所知，有人想尝试着把外面的东西带进来，比如从沿街叫卖的人那里搞到一点东西，但是往往无功而返。”

战俘们为了猎杀野狗，发明了专门套狗的圈套，他们把圈套伸到窗户外面，再用一小块面包作诱饵，当野狗走近时，战俘们猛然将圈套甩到狗脖子上，然后快速把它从窗户拖到营房里，将其打死，再像肉店那样把狗吊起来。于是，战俘们终于

1943 年 11 月，奉天战俘营里战俘正在就餐

可以吃到久违的“肉”了。

由于狗肉的热量很高，这种猎狗技术迅速在战俘中流传开，附近的野狗都成了他们猎杀的目标，很快，战俘营里就有人卖狗肉了，价钱是 8 盎司狗肉换 10 支烟。然而，这种交易并没有持续很长时间。不仅是因为附近的野狗不敢再靠近战俘营，更重要的是，有一天，战俘们意外地看到了一个场景：在路上，几只野狗撕咬着一个中国老人的尸体……

由于许多战俘都患上传染性疾病，所以各种病菌在营房里迅速传播开来，患病人数一度达到 800 人，超过战俘总数的一半。战俘营里的医院很快就挤满了各种各样的病人。美国战俘格罗凯特患上了病毒性肺炎，高烧不退，但他十分明白进入医院意味着什么。他坚持着，试图抵抗疾病，但终于有一天，他感到自己冷得实在支持不住了。他费尽口舌说服了一位日本士兵，让自己进了锅炉房，钻进刚刚熄灭的炉膛。炉膛里的温度仍然很高，格罗凯特在里面坚持了好几个小时，等日本士兵进来查看格罗凯特是否已经死了，结果却发现，他居然好了许多。

幸存美军战俘罗伯特·布朗是战俘营里的卫生兵，凭借平日学来的一些日语单词，能与日本人进行简单的交流，因此，患病的战俘来医院看病时，他通常负责排号和分诊的工作。“可是，我竟然成了战俘营医院里拔牙数量最多的‘牙医’。医院里根本没有什么麻药，更没有专业的牙医设施，我当然也没有接受过专业培训。能拔牙，就凭着我手上的一把子力气。”正是由于布朗拔牙力气大、痛苦小，许多战俘都点名让他拔牙。

2007年5月30日，作者在美国加州拜访布朗（在展示战俘营使用的卫生箱）

幸存美军战俘波利奇说自己被检查出体内有蛔虫，可是日本人只给了化验结果，却什么药物也没给，就不了了之了。他时常被蛔虫闹得肚子痛，不得已只好冒险去试一试一个听说的土办法。有人告诉波利奇说，抽烟的烟斗上积存下来的烟袋油子，主要成分是尼古丁，这个东西如果吃下去可能会帮助消灭体内的蛔虫，但是不能一下子吃太多，否则会有生命危险。波利奇就告诉一名抽烟斗的战俘给自己攒一些烟袋油子。后来，他就试着吃了烟袋油子。想不到，过了大约四五个星期，他的蛔虫病竟然真的好了。

皮蒂少校对战俘营的医疗条件这样描述道："日本人的药品很古怪。虽然日本也有名医，可是许多所谓的从业人士，不过是比巫师略胜一筹。3名美国医生和1名澳大利亚医生都曾经告诉我说，犀牛角粉在日本人的药品清单上很常见，我还看

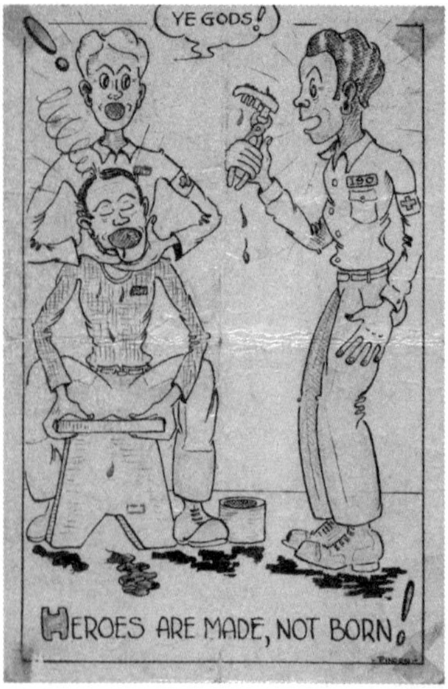

其他战俘专门为布朗画的漫画，图中文字："英雄不是天生的，而是造就的！"

到过一则药品广告，因为成分里含有珍珠粉，就宣称药力强大。他们把牛奶看作药品而非饮品，而且只能在有医生处方的情况下，以茶匙为计量单位发放。此外，这些医生还告诉我，当他们提出希望用鸦片治疗痢疾时，允许开出的剂量仅为我们认为最小剂量的百分之一。日本医生对于医药认知的标准是，在我们看来是最小的剂量，在他看来则是致命性的。他甚至怀疑我们的医生，要一些鸦片是有着不可告人的目的，可对我们来说分明是必需品。我提到鸦片还只是一个具体事例，这样的情况无处不在。又比如我们需要服用两片剂量的阿司匹林，日本医生却只给出仅相当于我们的药力 1/20 的半片。当然，许多我们用的药品，日本人从没有听说过。以我们的观点看，这里的医疗设备是破旧的低水平的。例如，进行蛔虫验便时，（我相信）我们当中有 39.6% 的人都有蛔虫。经过从组织化验到显微镜下检验标本等一番烦琐的工作后，日本人宣布了化验结果，但是却说无药可用，而且也不知道会不会有药品送来。还有，整个战俘营只有一剂抗气性坏疽针剂。日本人常说，在日本各种东西都很丰富，但是在我们看来事实并非如此。我看到过他们的部队还穿着日俄战争时期的服装，正如他们缺少被服一样，他们的食物和药品也是缺乏的。虽然我渐渐开始憎恨他们，但是也必须说出摆在我面前的事实……”

从 1942 年 11 月第一批盟军战俘来到奉天，到 1945 年 8 月战俘被全部解救，长达 34 个月，日军在战俘营里的暴行从未间断过，长期以来的虐待和极端恶劣的生存条件，造成了战俘营的高死亡率。据统计，在欧洲战场，德军战俘营里的死亡率为 1.2%，而奉天战俘营的死亡率是 16%，共有 250 名战俘死亡，是德军战俘营死亡率的 13.3 倍。正是这样极端恶劣的环境，让有的战俘宁愿冒死逃跑。

对于战俘营里发生大批战俘死亡的现象，日军也做出了反

这是日军卫生兵在办公室内的留影。日军老兵行方武治（前排右一）介绍说，照片中从棚顶悬下的两个条状物是用来黏苍蝇等飞虫的胶条，战俘营医院条件的简陋程度或许由此可见一斑

战俘营里的卫生兵在给战俘做病史登记

应，关东军司令部从防疫给水部（731部队）中选派人员，组成“临时检索作业班”进驻战俘营，对疫情进行调查。关东军总司令为此颁布“关总作命丙第九十八号命令”，命令全文如下：

极秘　关总作命丙第九十八号

关东军命令　二月一日十三点　新京

一、关东军供给监要从其指挥下的部队里尽快向奉天俘虏收容所派出下列人员，并在该收容所所长的指挥下派他们进入收容所。

军医一名、卫生下级士官二名、卫生兵十名

二、奉天俘虏收容所长应通过上述人员加强卫生工作，并迅速使俘虏恢复体力。

三、关东军防疫给水部本部长应把大致以下人员迅速派往奉天俘虏收容所，援助指导该收容所的防疫工作。

军官五名、下级士官五名、士兵约十名

四、具体细则除由军军医部长指示外，由各有关部队长相互协定。

关东军总司令官梅津大将

接到关东军总司令官梅津大将的命令后，关东军军医部部长梶塚中将随即发出指示：

基于关总作命丙第九十八号令军军医部长指示

一、奉天俘虏收容所的防疫工作重点定位在俘虏的细菌排查上，首先进行现在多发的慢性痢疾患者的肠道系统传染病原体（痢疾、阿米巴痢疾等）排查，其次进行疟疾原虫等其他必要的排查。

二、细菌排查所需器材由关东军防疫给水部本部携带。

昭和十八年二月一日

关东军军医部长　梶塚中将

对于日军调查人员的到来，英军战俘皮蒂少校在日记中记录道：

1943 年 2 月 13 日：今天，大约 10 名日本军医和 20 名其他各等军阶的日本人到来，调查发生大批人员死亡的原因。

1943 年 2 月 14 日：接种天花疫苗。

1943 年 2 月 15 日：2 名美国人在医院死亡。来访的日本人对尸体进行尸检解剖。因为天寒地冻，我们已经有一段时间无法挖掘墓穴了，所有的尸体放在粗糙木板钉做的棺材里存放在

“冷库”里。

皮蒂少校日记里所提及的前来调查死亡原因的日本人，正是关东军防疫给水部派出的人员。在“奉天俘虏收容所月报2月号月报拔萃”中详细介绍了此次调查情况：

临时防疫半作业状况报告

昭和十八年二月二十一日

一、作业状况

遵照关总作命丙第九十八号令组建关东军防疫给水部队临时防疫班，2月14日到达奉天，在奉天俘虏收容所开设作业场。15日，在所长及下属人员以及奉天陆军医院的积极援助下，作业开始。19日完成对隔离患者病房进行肠道病原体检测，重点对全体人员进行痢疾检查。

二、患者状况

痢疾患者人数247名，战俘人员总数1038人（19日至目前便三次以上者）；尊军医嘱在隔离病房收治的痢疾患者124人（19日至目前收治90人）；其他自觉症状较轻微患者123人与健康者住在一起。2月13日至19日，死亡人数5人。

三、病原体检索状况

隔离病房收治的124名患者经肠道疾病病原体检测结果如下：

病原体	阳性人数	受检测人员占比
赤痢菌	33	36%
赤痢阿米巴	15	12%
绿霉黏液	11	9%
木糖球菌黏液	1	
……		

四、剖检所见

剖检9例，均检出赤痢菌，其中一例还检出A型副伤寒。

五、临床状况（另文）

六、防疫状况（另文）

值得注意的是，关东军防疫给水部队诊疗部部长上校永山，在2月17日写过一篇“关于奉天俘虏收容所所谓战争营养不良症患者临床症状”报告。报告对战俘的身体状况做了分析，指出美军战俘在菲律宾被俘前后就营养缺失，来奉天前又历经了一个月的海上航行，其间恶劣的饮食、卫生条件，以及遭遇盟军舰船袭扰等因素，都被列入造成战俘健康状况下降、营养不良的原因。但是，该报告对于战俘在奉天战俘营里的遭遇，却只字未提。

皮蒂少校在2月15日的日记中所提及的“冷库”，其实就是一间普通的木板库房，被临时辟作存放战俘尸体的停尸房。战俘们不失风趣地称之为“13号病房”（西方文化中向来有

战俘营隔离病室前

把“13”视为不吉利的数字的习俗，“13号病房”也因此被视为凶多吉少之地）。“就差一步，我就进了‘13号病房’，我可能是第一个活着从‘0号病房’走出来的人”奉天战俘营幸存美军战俘沃尔特·米德尔顿（Walter Middleton，战俘编号：402）在战俘营医院里经历了九死一生。“医院里无药可医，无人照料，这里根本不是康复身体的地方，只是一个死亡的场所，是一个等死的地方。”

最初，日军将战俘营医院，划分成3个区间：其中一个最大的屋子是病患住院的地方。大多数病患的病情每况愈下，美国战俘军医因为缺医少药，无计可施，只能陪坐在奄奄一息的战友身旁，为战友们做些鼓励和心理疏导。

中间的区域是卫生间，另一端的区间就是被战俘们称作“0号病房”的重症病房，这里是战俘们最后一线生存希望终结的地方，也是他们生命的最后一站。最重的病号被转到这里后，会依次被挪向门口，在这扇“不归之门”的外头，就是“13号病房”——停尸房。

北国的冬天，天寒地冻，死去的战俘无法掩埋，就存放在这个库房里。尸体堆放得像柴垛一般，平日里房门不上锁，被呼啸的北风吹来吹去，砰砰作响，这响声不时传进住院战俘的耳里，仿佛是丧钟，在催促着他们走向死亡的脚步。

有两名健康状况尚好的战俘负责把尸体从“0号病房”运送到“13号病房”。一次，他们在“13号病房”的门外发现了

战俘墓地

一具保持者着爬行姿势的战俘尸体，全身赤裸，早已被冻得僵硬。他们并不知道，最后是谁把那具尸体送进了停尸房。

幸存美军战俘艾伦说："我参加了掩埋尸体的劳动。我们把他们埋在了距离战俘营不远的一个墓地。那是一个满族人的坟地。我注意到，他们埋葬的方式是埋葬后还留有一个土包，而战俘们埋葬后，上面只留一个十字架。因为冬天没有办法挖坑了，我们把所有的尸体都存放起来。等到春天来了，天气转暖一些，我们才能掩埋尸体。我们生起一点火，把地烤得软一些，挖一挖，再用火烤，再挖，直到把尸体全都掩埋了。"

幸存美军战俘塔沃里说："初到奉天第一年的冬天，战俘大量死亡。由于天寒地冻无法挖掘，大量死亡战俘的尸体无法掩埋，只得堆放在库房里。1943 年 3 月寒冷的初春，我们一天就掩埋了 176 具尸体，那些已经冻硬了的战友，让他们安息在满族人的古老家园，这些战友们大都是在我们到达后 90 天的时间内死去的……到冬天结束时，死亡人数已经上升到 205 人，占所有在押美军战俘人数的 17% 以上。"

炼 狱

在日本，我们对待战俘有自己的观念，在待遇上自然也与欧美有所不同；应充分利用他们的劳动力和技术来增强我国的生产，并应该努力使其有助于大东亚战争的实行，而不使任何人力浪费。

——东条英机

“广袤的‘满洲’盛产玉米、大豆和高粱，日本殖民主义者追随着军国主义者，蜂拥而至，14 年间奴役着中国苦力为之辛勤耕作。日本人的统治在乡村、田野留下了深刻的烙印，到处都充斥着日本人的秩序、戒律和体制……满洲已成为日本最美丽的省。”这是国际红十字会驻东京代表马歇尔·朱诺(Marcel Junod)，在赴任途中经过中国东北时写下的印象。

如此丰厚的不义之财，对日本无疑具有重要的价值。将“满洲”挟入自己的统治，为日本制定和实施南进国策，提供了必要的物质保障和强大的心理支撑。而奉天战俘营里的盟军战俘，除了是战利品，是人质筹码，还是免费的劳动力。

“没有哪一次巨大的历史灾难不是以历史的进步为补偿”，人类对待战俘的态度也随着历次战争的血与火的教训，渐趋文明。蛮荒时代，战俘或成为杀戮的对象，或成为奴隶；封建时代，有贵族拿战俘来作赎罪的祭品。现行的关于战俘问题的国际法即《关于战俘问题的日内瓦公约》。1929 年 7 月 27 日，47 个国家的政府具签署了《关于战俘问题的日内瓦公约》，日本也在签署国之列，但直到第二次世界大战爆发之际，日本依然没有正式加入该公约，因为此时已经走上穷兵黩武的军国主义道路的日本认为，加入这样的公约，就意味着放弃自己独有的优势，或者说使自己陷入被动的境地。

果然，第二次世界大战不仅战争规模史无前例，战俘数量之众也前所未有。由于游离于国际法的约束之外，日军对盟军战俘的残暴奴役和非人虐待更是骇人听闻、史无前例。1942年6月25日，时任日本内阁总理大臣兼陆军大臣的东条英机在对新任俘虏收容所（战俘营）所长、所员训示时直言:“在日本，我们对待战俘有自己的观念，在待遇上自然也与欧美有所不同；应充分利用他们的劳动力和技术来增强我国的生产，并应该努力使其有助于大东亚战争的实行，而不使任何人力浪费。”这样直白的表述不仅明确了日本“以战养战”的战俘策略，也就如何有效利用战俘，向战俘管理者提出了责任性要求。

免费的劳力

1942年9月8日，盟军情报部门截获一份由日本运输通信大臣发给船舶运输司令部的绝密电文，文中指示：鉴于当前本国人力严重匮乏，急切期望利用白种人战俘。因此，要求考虑利用所有返航的船只（包括运输船只和军需补给舰船）运送白种人战俘去往日本。要求船舶运输司令部报告，每月可能运送的人数（对于有特殊技能的人员要做出分类）。同时，要求尽一切手段，如采用在甲板上搭载的办法，尽可能多地运送人员。

关押在奉天战俘营的盟军战俘，大都具有专业技术背景，如空军地勤人员、机械人员，其他军种的机械维修人员，或者军医、卫生兵之类。而美军战俘中，有来自陆军、空军、海军、海军陆战队的各个兵种，如陆军航空兵、步兵、炮兵、通信兵、工程兵、医务兵等。因此，他们就成了被日军驱策从事各种体力和技术性劳动的最佳人选。

1942年11月至次年2月，盟军战俘抵达战俘营的前3个月里，出现了大批战俘死亡的情况，危急势头一时难以控制。就在战俘们生活尚未安顿、生死未卜之际，日本人已经迫不及待地安排战俘前往工厂劳役。

1942年8月22日，日本陆军省次官致电关东军参谋长，提出“利用满洲工作机械株式会社扩大航空紧急整备的计划”。它不仅对如何利用战俘做了详细周密的计划，而且日方希望战俘早日投入使用，以加速军工生产的急迫心情也跃然纸上。电文和计划是这样写的：

陆亚密第3129号

陆军次官致关东军参谋长

为实现航空生产的紧急整备，如附件计划所示，我们需要增强满洲工作机械株式会社的现有生产能力，并将其大部分生产能力用于生产机床，这是目前我国在航空兵器、弹药和飞机的紧急整备中所需要的设备，特别是生产适于批量生产所需的专用机床，这些设备均为生产航空用机关炮弹药的主力工厂即日产汽车株式会社加工部扩大生产所急需。

我们要求贵军为实现这一计划付诸辛劳。

另：为谨慎起见，我们需要补充的是，陆军省目前正在极力协助获取精密机床，期待从日本内地提供，这些设备因为对精密度的高度要求很难在满洲国生产。

1942 年 8 月 22 日

关于利用满洲工作机械株式会社扩大航空紧急整备的计划（草案）

一、预计生产计划为 1942 年度生产 80 台（300 万元）。1943 年度生产 400 台机床（1050 万元），绝大部分产能将分配给关东兵器工业株式会社（日产汽车株式会社加工部工厂），用以扩大其批量生产所需设备，其余部分将分配给满洲飞机制造株式会社、满洲汽车株式会社和其他兵器工厂。

年度	供给部门	机床种类	供给台数	金额
1942 年 7 月—1943 年 3 月	关东兵器（日产汽车加工部工厂扩建）	自动机床及其他批量生产用机床	60	2,000,000 圆
	满洲飞机、满洲汽车、其他兵器工厂		20	1,000,000 圆
	总计		80	3,000,000 圆
1943 年 4 月—1944 年 3 月	关东兵器（日产汽车加工部工厂扩建）	自动机床及其他批量生产用机床	300	7,000,000 圆
	满洲飞机、满洲汽车、其他兵器工厂		100	3,500,000 圆
	总计		400	110,500,000 圆
备注	目前满洲机械尚无来自满洲飞机和满洲汽车的订单。1944 年以后的利用计划日后再做商议。			

二、为促进生产陆军省所采取的合作和支持的措施

为实现本计划，陆军省采取的合作与支持的措施包括以下一些方法：

(a) 通过提供技术协助和指导促进生产增产和技术改进。在日本内地的一流机床从业者将为供大规模生产适用的机床提供设计图纸、工作图纸和参数标准，并为生产加工提供指导。有关此项工作业已进行的情况如下：

指导工厂	指导事项	实施年月	备注
株式会社东京机械制作所	提供六角车床的图纸供给批量生产之用，并为制造过程中提供技术指导	图纸已经于 1942 年 7 月提供，技术指导将于近期实施	
日立精械株式会社	提供批量生产用的机床图纸	1942 年 7 月起开始实施	样机将贷借给陆军兵器厂

(b) 通过重新培训基干技术人员促进技术改进。在内地的著名机床工厂和军工厂，为满洲工作机械株式会社的基干技术人员进行再度培训。关于此项内容，拥有内地一流的批量生产技术人员的日产汽车加工部工厂已经开始在对来自满洲工作机械（株式会社）的 9 名基干技术人员进行彻底的再培训。

(c) 通过内地一流业者转让基干技术人员和基干员工促进生产技术提升。最近，已经有我国国内一流的机床业者从东洋机械株式会社充实到满洲工作机械株式会社，其中基干技术人

员8名，基干员工12名。有关此项，由于东洋机械株式会社属于劳务调整令适用工厂，我们已经与厚生省和海军监督官进行协商获得批准。

(d) 协助利用战俘填补人员空缺。目前，在生产员工方面满洲工作机械株式会社严重缺员，十分需要立即提供劳力。立即提供满洲员工十分理想但是不能马上实现，工厂目前计划大规模利用战俘用作工厂员工，如果贵方面军及满洲国方面无异议，我们将提供一切帮助来实现这一计划。这一计划中根据工种区分所需战俘人数如下：

工种	人数	工种	人数	工种	人数	总计
机械检查工	65	机械组装工	100	平削工	40	1500人
锻工	30	电焊工	20	型削工	20	
热处理工	25	木型工	20	铣床工	85	
描图工	50	六面床车工	30	齿切工	45	
车工	220	钻床车工	20	木工	10	
工具整洁工	100	磨床车工	110	电器组装工	30	
整洁工	100	钻床车工	50	电力电机工	20	
制图工	150	设计工	80	机械技术者	80	

(e) 运营资财的援助。有关运营资财，我们将尽力利用用于满洲国生产扩充的资财。而且，根据我们的观点，对于最终运往日本的机床，陆军省将提供大部分的原材料。

(f) 协助获取精密机床。满洲工作机械株式会社的现有设备配置在生产机床方面并不充足：缺少几种精密机床是该厂目前生产机床所遇到的瓶颈，因此需要弥补这一短缺。但是，无论是现在还是将来工厂都不可能自己生产精密机床，很大程度上这要依靠在日本内地的优秀业内部门的帮助。所以，我们将提供一切协助提供这些机器。此外，将与驻德国使馆的武官取得联系，让他们优先考虑帮助满洲工作机械株式会社从德国进口精密机床，株式会社将依照政府与德国的贸易程序提交订单。

三、协助获取满洲飞机和满洲汽车从日本内地进口精密机床

满洲飞机和满洲汽车两家会社目前还没有交付订单，也没有表明具体计划。大部分机床设备（特别是高精度机床）大都要给日本内地的机床工厂使用。比较一般军需工厂和生产力扩充而言，因生产飞机而急需大量机床的问题应优先解决。我们将尽力缓解因两社生产产量必定会降低而给满洲工作机械株式会社造成的影响。两社已经向日本内地的机床公司提交的铣床和磨床订单情况如下：

满洲飞机株式会社：总数 120 台

满洲汽车株式会社：总数 260 台（其中的 114 台为陆军兵器贷借）

由于执行此项计划，可以期待的是通过满洲工作机械株式会社生产力的增加和技术水平的提升，可以在未来为满足两社的需求做出极大贡献。

关东军参谋长回复陆军省次官的电文

亚密第 7991 号
密电报译　9 月 9 日 18 时 20 分发
　　　　　9 月 9 日 23 时 10 分达
致次官
发信者　关东军参谋长
关参满电第 710 号

诚如陆亚密第 3129 号关于利用满洲工作机械株式会社迅速提升飞机生产的计划所示，满洲技术人员的短缺情况使得利用 1500 名战俘付诸该计划成为可行。我们期望开设俘虏收容所，请尽快告知将他们转至满洲的时间和人数等情况。鉴于必须在冬期到来前建立收容所，我们希望尽快将战俘转至满洲。

另：我们期待稍后会通知有关收容所开设之事宜。

对于上述“利用满洲工作机械株式会社扩大航空紧急整备的计划”中使用战俘的构想，关东军方面给出了如下明确答复：

电报译 1942 年 9 月 29 日
致军务局长
发信者　关东军参谋长
关参满电第 746 号

满洲工作机械株式会社远景

军务电第1010号复

我们已经准备好将1500名南方俘虏收容在奉天（北大营）闲置的兵营，并将在今冬为修建永久性本所做必要的准备，并在明年春季完工。考虑到这一情况，我们要求尽快移送战俘。

另：我们希望能明示中央部有关俘虏待遇方面的意图。（电文铅笔批注：俘虏临时收容后再告知具体细则。）

前述诸电文和计划，表面上是日军“以战养战”策略的附属实施的一个具体的案例，背后却揭示了这一策略掠夺人力资源的侵略战争的本质。英军战俘皮蒂少校在日记中写道：

1942年12月13日：已经准备好了一份名单，他们都是在战俘营里身体还算可以的人，这些人都是机械师，估计从16日起就要让他们去劳动……

1942年12月21日：2名美国人在医院死亡。68名机械师和187名半技术人员前去“满洲工作机械株式会社”（简称MKK）劳动。

负责设计建造满洲工作机械株式会社的美国工程师（右）

1943年2月23日：为142名亡者举行葬礼。过去的105天里已经死亡186人，都是美国人。

日军每天早晨7点给战俘分派工作，8点开始劳动。去往设在战俘营以外工厂劳作的战俘，在离开和返回战俘营时，必须在专门开辟的“检身场”接受搜身检查，严禁夹带违禁品进出战俘营。

其中一些战俘，每天要徒步走上近8公里，前去劳役工厂“满洲工作机械株式会社”劳动。对于那些身体还很虚弱的战俘来说，光是走下这段路程就是已经十分艰难了。浩浩荡荡的队伍顶着呼啸的寒风，艰难向前，战俘们仿佛回到了“巴丹死亡行军”的路上。队伍的两侧有端着刺刀的日本兵押解，后面跟着一辆日军的卡车，时不时地拾捡起那些实在走不动倒在路上的战俘。

“我是11月11日到达奉天，到了12月21日就开始到工厂劳作。每天要步行5英里前往MKK工厂，天气一天比一天冷，很多人还身染痢疾，身体状况可想而知。”沈阳战俘营幸存美军战俘瓦特回忆说，“这个工厂是战争爆发前由美国人设计的，我想是由福特汽车公司设计的。工厂里所有的设备都是美国造的，从螺母到螺栓都是美国标准，还有美式的标志，不是日本造的。”

满洲工作机械株式会社（MKK）始建于1940年前后，主要是用来生产机床母机。当时是由4名美国工程师分别负责车床、洗床、铇床等车间的设计和建设工作。战争爆发后，美国工程师撤离，留下的机器设备尚未安装到位。因此，盟军战俘到来后就是接手继续建设这个“烂尾”工厂，最初的主要工作是按照设计图纸安装机器设备。

幸存美国战俘史密斯·迈瑞尔（Smith Merrill，战俘编号：276）回忆起战俘们初到劳役工厂时，看到被分派的工作竟然是安装崭新的美国制造的机床。“这些设备就当时来说是最先进的，就连美国本土或美国军中也很难见到这样的好东西。”现在，战俘们竟然被强迫用自己最先进的设备为日本人效力，心中不由地涌上一股苦涩。“有很多设备在我们到来之前就已经组装起来，我们的工作首先是要安装、调试这些设备。我们当中还有些人是绘图员，他们还要从事制图和绘图的工作。”瓦特说：“其中有一款机床像是一种金切机床，从机床的一端把待加工的金属原料送入，从另一端就能切削出规定数量的小部件（螺丝螺母）。这就是他们要我们这些有机械工程背景的人到这里来的原因，他们是要仿造这些东西。”

当然，事情并不像瓦特所想象的，只是造螺丝螺母那么简单。日军不辞辛苦，把大批盟军战俘从遥远的太平洋战场调运到已经被日本侵占 10 年之久、并被视为大后方的“满洲”，自然别有一番用意。这些盟军战俘，虽然已经脱离了兵戎相见的战场，却并没有游离于战争时局之外，反而成为日军手中维系侵略战争的“另类”资本和工具，这是战俘们不得不面对的残酷现实。

幸存美军战俘拉瑟尔·格罗凯特（Russell Grokett，战俘编号：319）也被派到了“满洲工作机械株式会社劳动”，任务是加工飞机部件，格罗凯特负责开车床。一次，日本人交给他一张图纸，要求他按照图纸加工部件。凭借在军中积累的机械修理经验和对军工产品的熟悉，格罗凯特惊讶地发现，日本人要求他加工的部件，竟然是用在日本“零式战斗机”起落架上的一组齿轮。眼睁睁看着自己生产的产品，被日本人拿去同自己的祖国作战，这让格罗凯特的内心备受煎熬。

初期，战俘们的主要劳动任务是安装 89 台崭新的机床。他们先是要在厂房的地下挖出大坑，然后往坑里灌注水泥，这是为安装机床打造基座。艾伦说：“我也参加了修建地基的活儿，这个地基足有 8 到 19 英尺宽，6 到 8 英尺深，而且非常非常的长。因为那是一个刨床，底座很长，需要很重的地基。美国人就是干打地基的活，往地基坑里灌注混凝土，这样地基越来越深。”和战俘们一起干活的还有一些中国人，他们发现，这些中国工友并不十分积极。“不知是因为他们完全不了解如何安装美国机床，还是因为他们根本就不想看到这些先进的设备在被日本付诸使用。如果是后者，我们的心里又何尝不是这么想的呢？”

1944 年 2 月 19 日，美军战俘托马斯·布利斯特（Thomas H. Brister，战俘编号：898）在满洲工作机械株式会社劳动时，被一辆电动车挤撞在柱子上，右腿严重受伤。21 日，他开始出现坏疽症状。虽然战俘营的司令官说可动用战俘营的所有力量进行救治，但战俘营医院不仅缺医少药，连基本的手术器械和手术室都没有。23 日，布利斯特因气性坏疽不幸死亡。

塔沃里回忆说："在满洲工作机械株式会社劳作之初，我在修建厂房的工地上，负责往脚手架上运送砖头。随着厂房越建越高，站在升高的脚手架上，我已经能越过墙头看到外面的世界。每次走到上面，我都会恋恋不舍地多停留一会儿，就是为了能多向外张望一会儿，多看一眼外面的自由世界。但是，我心里十分清楚，在日本人的统治下，外面的中国人和自己一样都是没有自由的人。"

1945 年春天，幸存美军战俘罗森道尔和其他一些战俘被派到战俘营外面的一片农地去干活儿。"我们是去种玉米。那曾经是一片坟茔地，后来日本人把墓地翻了，种上了庄稼。有一个中国人也在那里用马和犁种地，他种地，我浇水。我的工作就是浇水。整个夏天，我们就在那里劳动。"罗森道尔尝试着想和那个中国人说话，但他用手势比划着示意罗森道尔，意思是说：不行，他们会砍了我的头。"这个中国人的境遇也不比我这个战俘强多少，只是到了晚上，他有家可回，而我要回到战俘营。"

英军战俘皮蒂少校对前往工厂劳动的战俘的出勤率有过这样的记录：

1943 年 1 月 13 日：去工厂劳作的人数已经减少到 330 人，这是由于严寒和疲劳等因素所致。

1943 年 1 月 25 日：又有 101 人被派去 MKK 劳役，平均出

在地里干农活的战俘

勤率已经达到60%。今天，一名日本军医部门的将军前来视察。

1943年2月8日：1名美国人在奉天陆军医院死亡。407人去工厂劳作，这是目前出勤人数最多的一次。

1943年4月23日：今天，673人中有575人出勤前去工厂劳作，这又是一次人数最多的数字。

1944年3月4日：今天，有570人前去劳作，占应出勤人数的96.6%。

“满洲工作机械株式会社”是当时奉天战俘营辖下几个劳役工厂中使用盟军战俘人数最多的工厂，该厂主要生产飞机零部件，盟军战俘已经成为该工厂人员构成中最重要的组成部分。根据1944年的一份统计显示，该工厂的人员中有日本人331人，中国人620人，盟军战俘500人。

后来，日军又陆续设立了直接隶属于“奉天俘虏收容所”的三个派遣所和两个分所。其中的三个派遣所分别是位于奉天铁西区（今沈阳市铁西区）“满洲皮革株式会社”的第一派遣所，位于奉天大西区（今沈阳市沈河区）“满洲帆布株式会社”的第二派遣所和位于奉天铁西区（今沈阳市铁西区）“中山钢业所”“东洋木材株式会社”的第三派遣所，在三处派遣所劳动的战俘总人数达455人。

盟军一旦被俘后，日军就立即对他们展开技术背景调查，要求所有战俘申报：姓名、军衔、军种编号、职业技能等。很快，战俘们按照制钢、制铁、土木三种劳役类别，被分别送往奉天战俘营第一、二、三派遣所劳役。战俘们从事机床安装、机械加工、零件锻造等工作，有的甚至被安排在一些要害部门如在设计室从事图纸绘制工作。

日本人的“高井铁工所”，设在奉天战俘营东侧，主要生产龙门吊。工厂明确提出需要征用20名战俘，其中必须有2名图纸绘制人员和18名具有其他技能特别是有钢材加工和机械加工经验的战俘。

这些工厂主要生产军用物资，如“满洲皮革株式会社”生产军用皮靴和其他军用皮制配具；“满洲帆布株式会社”主要生产军用帐篷；“中山钢业所”和“东洋木材株式会社”同在一个区域，不仅为日军提供建筑用木材和钢材，还生产钢盔等军需产品。所有这些，无疑再次表明，日军设立战俘营奴役盟军战俘的核心目的，就是通过掠夺战俘们的劳动力，为其战时

1943年11月，奉天战俘营里工作的技术设计员

工业生产服务，加速并维系其侵略战争。

冒死“越狱”

在沈阳西北约180公里处的内蒙古科尔沁左翼后旗的沙漠深处，有一个村落名叫“两家子”。在村东南约1公里远处有一个长满蒿草的小沙丘，被当地人称作“美国坨子”，这个名字距今已经有70多年的历史了。这个地处僻远、闭塞的村落为什么会有一处“洋”地名？其背后究竟发生过怎样的事？

答案竟然与奉天战俘营里的盟军战俘有关！

70多年前的两家子村，是一个居住不足20户的蒙古族部落，偏远闭塞，外人罕至。或许是因为游牧部落的传统，这里的村民朴素善良，但对外来者保持着高度警觉，甚至有一种原始的敌意。

1943年7月2日午时过后，村里各家的主要劳动力都已经下地干活，家里只留下老人、妇女和孩子。午后2时许，3个西方面孔的男人进入了村子，他们贸然闯进村民家里，讨要食物。这3个突然造访的陌生洋人，让村民们既警觉又害怕，但善良的村民还是给陌生人端出羊肉和羊奶。3个人得到食物后，便快速离去了。

原来，这3个外国人正是从奉天战俘营越狱出逃的美国战

越狱美军战俘。美海军水兵佛迪南德·麦林格勒（战俘编号 1125，左）、美海军陆战队队员维克多·帕里奥蒂（战俘编号 444，中）和美海军陆战队队员约瑟夫·查斯坦（战俘编号 516，右）。1944 年 8 月 12 日，美国的《纽约时报》在报道这则消息时称，美国政府是在得知战俘被枪毙的事情后才知道还有美军战俘被关押在沈阳

俘。因为战俘营生存环境的恶劣、日军残暴的虐待，战俘难以忍受，宁愿冒死“越狱”。这 3 名战俘分别是：美海军陆战队中士查斯坦（战俘编号：516）、美海军陆战队下士帕里奥蒂（战俘编号：444）和美海军潜艇水手麦林格勒（战俘编号：1125）。他们为了此番“越狱”已经做了一个冬天的秘密准备：他们随身带着 60 磅的狗肉干——这是战俘们平日偷猎的野狗；还弄到了一张奉天地图，凭着这张图，他们仔细研究了出逃路线，并计划先躲在荒野，再一步步接近 600 公里外的中蒙边境，经过蒙古逃往苏联。

1943 年 6 月 21 日夜 10 时许，3 名战俘分别从所住的 3 个不同营房，来到医院附近的一处低洼地点会合。他们割断铁丝网，逃出了战俘营，在夜色的掩护下徒步朝奉天的西北方逃去。

3 名战俘出逃后，战俘营里的情势陡然紧张起来，3 名战俘分属的 3 个营房的战俘组长立即被关了 10 天的单独禁闭，其余战俘在各自的铺位上足足坐了 3 天——不许交谈、不许动弹。每天的伙食被削减了 1/3。整个战俘营笼罩在令人窒息的紧张气氛中。

艾伦在劳役工厂的厨房工作，查斯坦是他所在的工作小组的头头。“得知出逃的3人之中有查斯坦中士，我一点儿都不意外”艾伦回忆说，“他就是我的头头，是个地道的美国性格的人，冲劲十足，他是一名中士。可是就在他们逃跑之前的那天，他还和我们在一起干活。他总是用石头或其他东西锻炼身体。有人私下说他这是要逃跑。”

英军战俘皮蒂少校在日记中详细记录了这段历史，他写道：

1943年6月23日：有3个人越狱逃跑了。毫无疑问，整个战俘营都会因为这一事件而遭殃。战俘营的副官石川大尉在点名前几分钟来到战俘营。他显然已经围着营房巡视过一圈，挥舞着手枪，还挥舞着战刀炫耀着他的刀术。起初，我还以为他是在修剪树丛，不过，后来我看到他还加入了漂亮的步法，不时地或前进或后退，挥动战刀躲避着他的假想敌，猛烈地劈刺，把刀高高举过头顶，全力向下砍杀。随后，还做出了一记绝杀刀法，单膝跪地，向一侧劈砍下去，显然是将对手斩首了。我对这番剑术的好坏无权评价，不过我敢说日本式的双手持刀的刀法如果与欧洲的剑术对决恐怕凶多吉少。我猜测他是想用这番架势就昨天发生的越狱事件给我们点颜色看看。不过，我个人仍希望这些人出逃成功，从而让这个因缺医少药而导致15%的美军战俘死亡的战俘营丑闻为外界所知晓。

1943年6月24日：开始进行质询了。距营区电网几米远的内侧又增加了一道拦阻绳。警示内容是，越过拦阻绳格杀勿论。监视官三木中尉做了训话，大意是为了避免将来再发生越狱出逃事件，各个营房（也就是营房内的各个区域）要以10人为一组进行分组，并指派一人为组长。这样，如果其中有一人逃跑，那么其他9人将受到惩罚。已经下达命令，制作3副棺材——很显然，这是一个“宣传”手段，好像是说他们已经被逮到了，已经没必要再继续讯问——讯问无非就是问其他人他们可能会逃跑到哪里去。我希望日本人的剖腹自杀的习俗仍然适用，三木和野田最配得上拥有其中的两口棺材：也许这样我们才看得到把战俘营的管理者绳之以法。3口棺材就摆放在战俘营的大门入口，为的是要让那些从MKK工厂回来的人能够看到。这样的“恐吓”怕是打错了算盘了，因为整个战俘营里的人都在嘲笑。就个人而言，我倒是认为日本人完全可以把棺材装上石头，然后去完成葬礼的工作。

1943年6月25日：第6、7和14号营房的人全天在荷枪实弹的哨兵的看押下接受“重谨慎”惩罚。（逃跑者分别来自这几个营房，所以其他90个人被处罚。）从晚点名到早起床号期间，任何人不得离开营房，外出上厕所除外，但必须向值守夜更的人报告。如有人逃跑，夜更将被以“同谋”论处。禁止一切娱乐活动，等候进一步命令。所有食物必须当场吃完：任何人保存食物即被视为企图逃跑。看着日本人如此崩溃也着实令人好奇：日本人知道我们都在嘲笑他们，而且这也彻底激怒了他们。(“重谨慎”的意思是盘腿端坐，就是那种东方式的，而且3个营房的90个人每天要如此端坐8个小时)。

1943年6月29日：今天早晨，司令官进行训话。他说“对那些野蛮之人的贸然出逃行为深感受辱。”他还对我们说必须彻查还有哪些人有逃跑的嫌疑，发现后必须立刻报告监视官。他说自己曾经以武士道精神信任我们，但现在必须以最严厉的态度对待我们。他还说那3个逃跑的人不配同那些因病死亡的人一起埋葬在战俘营墓地，而是要把他们就地暴尸。(这明显是在提前宣布3个人已经被逮捕枪毙。)我们大家都同意先不要听信这些说法，除非我们看到他们的尸体。我把他的训话逐字逐句地抄录如下：

“最近发生的具有叛变性质的、严重违纪性质的不幸的事件完全出乎我的意料。在天皇陛下的恩泽庇佑下，我的所有人员都始终如一地以同情心和武士道精神善待各位。但是，那3位胆敢违背我的愿望逃跑的人是不人道的。如果你们努力完成自己的任务，平安和福祉就掌握在你们手中。事实上，我们已经考虑过而且还将继续考虑一些做法，来改善你们的福祉。但是，是你们自己放弃了运气，把自己送进了地狱般的境地。我们将不再容忍任何哪怕是一点点的麻烦，继续对你们施以严厉的监视，直到你们每一个人完全重新开始生活。我不但要严惩那些胆敢违抗上述警告的人，还要惩罚与违法者同在一个十人组的其他负有共同责任的人。此外，我不会容忍任何人欺骗、说谎、态度傲慢。”

1943年7月2日，3名战俘出逃已经有11天了。虽然逃至两家子村一带，距离他们要前往的目的地还有近三分之二的路程，但实际上他们已经逃离了最危险的人口密集区域，剩下的路程自然还很漫长，但人烟罕至，相对却更加安全一些。身上准备的狗肉干已经吃完，为了能填饱肚子，他们决定冒个险，放弃昼伏夜出的做法，改在白天进村寻找食物。幸运的是，村里的人们不仅给了他们食物，还为他们准备了一些东西供路上食用。

下午3时许，3名战俘匆匆出村上路。然而，出村不久，就与一名骑着高头大马的伪满警察不期而遇。此人是一名伪满洲国警尉补，名叫德瓦桑布，31岁，家在离两家子村西北约5里远的另一个村落。此时，他正从家出来，赶往吉尔噶朗警务署。3名盟军战俘特殊的相貌引起了桑布的注意，他停下马对3人进行了盘问。

因为语言沟通障碍，3人轮番比比划划，张开双臂，试图用肢体语言做出飞机的动作，意思是说，他们是德国飞行员，因在附近坠机才进村讨要食物。桑布对此将信将疑，便叫上蒙古族村民巴图殿（56岁）和高凤山（56岁），要求3名战俘带路去坠机地点进行指认。行至村东南约2公里处，3名战俘佯装查看地图，俯身围拢在一起，趁桑布等人也俯身观看时，突然出手袭击。其中，德瓦桑布腹部被刺中数刀，重伤倒地；巴图殿胸、背被刺伤；高凤山因在一旁牵马，距离稍远，才得以逃脱，跑回了村里。

经历了这场惊心动魄的遭遇战后，3 名战俘再也不敢掉以轻心。他们急速跑进附近一处沙丘的灌木丛里藏了起来，准备在夜色降临后再伺机逃离。然而，他们并没有意识到，终结他们逃亡之路的厄运已悄然降临。

午后晚些时分，结束外出劳作的村民回到村子里，听说有外国人杀了本村人，全村顿时乱作一团。村子里充斥着复仇的亢奋和躁动，所有年富力强的男人们都拿起了农具，他们嘱咐了老人、孩子和妇女待家中，冲出村子，四下找寻。村民们循着沙地上留下的痕迹搜寻，很快，各路人马纷纷汇集在 3 名战俘藏身的小沙丘旁。他们根据脚印判定，3 人就藏在灌木丛中。天色将暗，村民把沙丘团团围住，战俘们只能坐困愁城，双方隔着灌木丛僵持着，谁也不敢轻举妄动。突然，有村民提出用烟熏将藏在里面的人逼出来。于是，人民找来蒿草，围拢在灌木丛四周，燃烧起来。没过多久，3 名战俘终于抗不住一阵阵浓烟熏呛，从灌木丛中走了出来，被村民逮住。当晚 7 时许，德瓦桑布因伤重不治身亡，巴图殿背部的刀伤也经过数周才得以康复。

这 3 名再度被俘的战俘境遇如何？英军战俘皮蒂少校的日

记是这样记载的：

1943年7月5日：今天宣布，三名越狱逃跑者已经被逮捕。司令官训话如下：

“自从不久前最不幸的事件发生以来，你们绝大多数人表现得还不错，但是，行为不够谨慎者还是大有人在，突出地表现在有些人态度自恃荣耀，仍以军人和绅士自居。逃跑的三人被逮到后即刻被拘押，而且审问表明，他们的出逃经历简直是荒唐无知和愚蠢的行为，这一点连一个未成年的日本孩子都会为此感到羞耻。表明他们对别人毫无责任感，由于错误的幸福观使然，他们已经触犯了法律，不仅抛弃了自己的幸福，也给那些谨言慎行的其他人平添了麻烦和束缚。他们已经使自己陷入了地狱般的境遇，如有不测，我将深表遗憾。

我们的人手很少，尽管如此，我们仍日以继夜地在为你们的福祉努力工作，并充当着你们的保护者。就算你们能够从这里出逃，也只不过是一时离开，暂时逃离我们的监管而已。要知道在高墙之外，我们的安全体系是十分完善和坚固不破的。很显然，要逃跑的命运就是立即被逮捕，所以，在这样的情况下逃跑，是一个卑劣粗鲁的愚蠢行为。

我们大家都要铭记，需要严肃反省此事件，要求你们相信我们，因为我们已经把自己的荣辱交付给你们。你们要认真对待每一天，在这里安全平静地生活。这样做才是赢得我们为你们安排文娱活动的基础。认清了这一点你们也就认清了一个事实，那就是任何不轨行为都意味着你们给自己套上了枷锁，每动一动都更加危险。”

1943年7月6日，3名出逃战俘被押解回战俘营。幸存美军战俘罗森道尔回忆说：“日本骑兵给他们上了绑，用绳子拖着他们，把他们弄回到战俘营。他们都已经快不能走路了，就这样拖拽着他们。回到战俘营的时候，他们简直就快要死了，就像是石头袋子，简直就是死人了，根本就用不着再枪毙他们了。”

回到战俘营的3人已经浑身血肉模糊，走路十分吃力。但是，其中有一名战俘在做着一个极其古怪的动作：他艰难地摇着头，用脚踢地上的树枝，把裤子口袋翻在外面，用手指挑着。这个古怪的动作令当时许多人都摸不着头脑，后来有一天，战俘迈瑞尔终于恍然大悟：摇头（No）、树枝（Stick）、口袋（pocket）、拇指（thumb）这一系列肢体语言组成了一句英文短语——与众不同（stick out like a sore thumb）！这是他在用最后的机会告诉战友们，我们的相貌与本地的人相比，实在太与众不同，即使能跑出去根本无处可藏。

艾伦回忆说：“他们被带回战俘营后就被绑在战俘营的大门口，我们每天都能看到他们，很凄惨。不过我没有朝他们招手，这样做对我也没有什么好处，对他们也不会有什么帮助。

日军看守在新战俘营合影。战俘营司令官松田元治（后排左一）

我们能从他们的身旁经过已经很满足了。”

1943 年 7 月 30 日，日本关东军临时军法会议以盗窃、杀人和杀人未遂等罪名判处 3 名“越狱”盟军战俘死刑，31 日 3 人被日军枪毙。艾伦回忆说：“据说枪毙战俘时，日本人曾提出要给他们蒙上眼睛，但是遭到查斯坦的拒绝，说：‘我不要蒙眼睛’。日本人说：‘要是我们的士兵也都能这样，我们就能够征服全世界了。’”艾伦说，“如果我不得不沦为战俘，那么我情愿与这样的战友为伍。”

3 名“越狱”战俘被再次逮捕押解回奉天后，接受了各种审讯和调查。其间，战俘营日军看守三木遂少尉曾亲自参加了审问和枪毙行刑的全过程。1946 年月 9 月 5 日到 16 日期间，在美军上海军事法庭审判战犯松田元治、桑岛恕一的庭上，检方举证出示了三木遂的陈述，三木作了如下的交代：

1. 1938 年，我毕业于东京帝国大学经济系。我 30 岁。

2. 我在奉天俘虏收容所任职期间（1942 年 10 月—1943 年

12月），曾经动手（用手掌）、用日式剑术用剑和木棍殴打过10到15名俘虏。（细节略）

3. 大约是在1943年6月23日，3名俘虏——查斯坦、麦林格勒和帕里奥蒂——从收容所逃跑了。大约在7月10日，在郑家屯附近的一处小村庄，他们被蒙古人逮到了。大约7月10日，我前去奉天宪兵队进行指认。当时，他们很瘦、很虚弱，而且他们的身上到处是伤，那是蒙古人在逮捕他们的时候，用铁锹和锄头打的。在宪兵队，他们的伤口得到照料，包扎的绷带都是新的。

宪兵队审问他们时我就在场（为的是留作日后参考）。在接受了关东军军法会议的提审后，他们被带回收容所，对逃跑现场进行调查。这大约是在7月20日。

逃跑者进行现场指认时，所长、我本人及一名翻译肯定是在场的，但是我记不起来其他人还有谁在场。查斯坦主动详细地重现了逃跑的步骤和经过，他说这样做是为着“不再有人试图做这样的疯事”，而且他甚至对我们说了他的一些想法，该采取怎样的措施才能预防有人逃跑。

7月晚些时候，我得知军法会议的结果是，他们被判处死刑，理由是他们都是杀死蒙古警察的共犯。提审他们的时候我在场，听到他们自己承认杀死一名蒙古警察，打伤一名民防队员。我还看到了他们的残存的帽子和饭盒盖子，那是在被抓捕的时候烧坏的，而且，我还看到警察的那把战刀也被烧坏了，当时查斯坦拿着把刀，而且被俘的时候就拿在他手里。

7月31日，一大早，3个人的行刑是在战俘墓地进行的。来自收容所的人除我本人外，还有桑岛医务官（当时是中尉），我是作为所长的代表（我记得当时所长生病了）。在场的人员还有奉天独立守备队队长、宪兵队队长、陆军监狱监狱长、军法会议军官（3人）、关东军派出的上尉医务官、行刑队队长（独立守备队派出的少尉）以及6名士官行刑枪手。

3个人的脸被蒙上白布，眼睛也用白布条蒙上，他们的手腕被绑在木头十字架上，被按倒双腿弯曲跪下。行刑队员在距离他们大约七八米远的地方采用跪姿瞄准，一名枪手负责射击额头部位，一名枪手负责朝胸口心脏部位瞄准。行刑队长下令后，6枪同时打响。死者的蒙面白布上和衣襟的胸口部位有少量血液流淌出来。经关东军派来的医务官验尸后，尸体被交给收容所人员。我们把

2007年4月29日，作者在美国纽约长岛国家公墓拜谒麦林格勒墓地，右为麦林格勒的妹妹

他们放进棺木里，在战俘墓地埋葬。我记得在即将掩埋时，有一名陆军监狱的士官给他们献上一些漂亮的野花，并说“死后即无罪，安详地到你们在天堂的位置去吧。”

奉天战俘营美军战俘军医赫伯斯特，保留下来一本在战俘期间的日记手册，上面记录着全部死亡战俘名单，除了战俘所属部队番号、死亡时间、死亡原因和死亡地点外，还记录了战俘死亡时在场负责签署死亡证明的战俘军医的名字。3名出逃战俘的名字也在死亡名单之列，不同的是3人死亡时均无美军军医在场，取而代之的见证人是“行刑队”。

美军战俘军医沙巴特回忆说：“日本人将3人枪毙后，把他们的尸体移交给我们进行掩埋。我们发现埋葬他们的地方紧邻着一处中国人的坟茔。掩埋这3名战友真的是一件很痛苦的事。”

奉天战俘营幸存美军战俘约瑟夫·派泰克（Joseph Petak，战俘编号：695）说：“枪毙战俘给我们留下了难以磨灭的创伤，我们因此更加怀恨在心，内心更充满了复仇感和敌意。发生枪毙战俘的事情，不仅加剧了我们在劳役工厂里恶意怠工的情绪，更让我们变本加厉地通过搞破坏来宣泄心头的愤懑……我们不能接受这样的不公正判决，《日内瓦公约》在这里根本得不到遵守。”

这就是两家子村“美国坨子”地名的由来。村民事后听说，杀人的是美国人，以后村上的女人甚至还会用“美国坨子”来哄吓哭闹的孩子。但是关于这几个美国人的真实身份以及他们为何来到此地，村民却全然不知。“如果当初知道他们是盟军战俘，也许村民就放过他们了。”多年以后，当终于知道了这些人的战俘身份，特别是知道他们后来被日本人枪毙了，两家子的村民纷纷不无遗憾地感叹着历史的错位。

秘密友谊

在与世隔绝的日军战俘营里，盟军战俘们在身体和心灵上经受着双重煎熬。除了面对痛苦和死亡，他们看不到光明，看不到未来。在孤寂、茫然中，他们的心灵更加渴望慰藉和关怀。中国工友的善良同情和勇敢相助，让挣扎在死亡线上的战俘们多了些许活下去的希望，让远在异国他乡的战俘感受到来自盟国人民的温情。

战俘们在工厂劳作过程中，与同在工厂里劳动的中国工友逐渐产生了友谊。这些中国人或是为了养家糊口或是被强征，来到工厂里给日本人干活的，他们同样受到日本人的欺压，和战俘唯一的不同是，他们每天可以回家。

此时的中国人，日子并不好过，同样挣扎在生死线上。据《沈阳市志》记载：1944 年，沈阳市普通市民的粮食配给量是：大人每月 9 公斤。严禁中国人买食大米，违者会被日本人以

“经济犯”论处。多数中国家庭是买不起粮食的，因为根本没有多余的钱来购买食物。为了果腹，人们不得不用有限的钱，购买那些最劣质的粮食。

英军战俘皮蒂少校在日记中写道：

虽然我们的食物里的卡路里值含量很低，而且缺乏维生素，并因为这些缺失造成过疾病流行。但是，我们还是比平民得到了更多的食物：所有的东西都是配给的，中国人得到的数量少得可怜。我们是在挨饿，他们是在饿死。

1943年的秋天，美军战俘塔沃里被派到“满洲工作机械株式会社”劳动。在工厂，塔沃里不仅有了与中国人接触的机会，了解一些外面的世界，还结识了一位让他受益和牵挂的中国朋友——葛庆余。

葛庆余是工厂的保安。每天早晨，日本人对战俘进行完搜身检查后，葛庆余便要把战俘从战俘营带到工厂的各个劳动地点。在这个过程中，塔沃里常常用刚刚学会的汉语，尝试着和葛庆余打招呼，“顶好”（当时中国人与西洋人交流时常用“Dingho”，意思是很好，是时代感很强的旧时用语——作者注）“大鼻子”等简单的中文便成了他们建立起友谊的入门词汇。渐渐地，两人对彼此的好感日益加深。为了能深入交往，葛庆余还特意找来一本英汉字典，充当起两人交流的“翻译”。就这样，两人成了可以“共事”的朋友。

塔沃里所在的班组起初的任务是修建厂房，之后又被派去拆解模具车床零件——先把崭新的机床依照顺序逐步拆解下来，然后再拿给制图部门，复制各个部件的图纸。因为这些先进的机床是美国人造，只有通过这样的方法，日本人才能仿造出更多的机床。待图纸绘制完毕后，塔沃里他们还要把机床重新组装起来，然后再把机床运到别处去使用。

塔沃里会趁机偷出拆下的轴承交给葛庆余，葛庆余把轴承偷偷拿到外面去卖，然后换一些吃的交给塔沃里。“缺少了轴承，日本人的机器肯定是不好用的，但是他们并没发现究竟出了什么问题。”塔沃里回忆说。

中国工友葛庆余与塔沃里分别时，送给他的自己的照片

两人之间的“交易”都是秘密进行的。葛庆余会把鸡蛋等吃的东西偷偷埋在事先约定好的地点，如锯末子堆里，塔沃里得到“消息”后就会偷偷地到锯末子堆里摸索寻找。

这种地下“交易”，在当时可谓险象环生。厂区里有一个小棚子，是葛庆余的工作室，未经允许，战俘不得进入。有一次，塔沃里走进了这间屋子，大概是去给葛庆余送轴承或是去取葛庆余带给他的食物。突然，一个日本兵也走了进来，两人顿时不知所

措。葛庆余灵机一动，马上拿起手边的一把铁锹，装作给塔沃里示范如何使用铁锹，并转身告诉日本兵，他正在给战俘分配任务，就这样把日本兵糊弄走了。塔沃里知道，这个中国人是在冒着生命危险帮助他。除此之外，葛庆余还是塔沃里最重要的消息来源，包括外面战事的进展和盟军节节胜利的消息。塔沃里说，所有这些都给了他和其他战俘，顽强地面对困难的勇气。

1945 年 9 月，塔沃里拖着在战俘营染上的肺结核回到美国。“那时还没有治愈肺结核的特效药，唯一的治疗方法就是卧床、隔离和补充营养。回国后的 10 年间，我断断续续在医院的隔离病房里生活了 5 年。”后来，塔沃里的事业很成功，曾做过新闻记者，因撰写“《退伍军人土地补偿法案》实施情况的系列揭弊报道”获 1955 年度普利策新闻奖；还曾担任美国新闻文化总署副署长、公共广播公司执委员会主席等要职。

自从离开沈阳，塔沃里就再也没能同和葛庆余取得联系。直到 20 世纪 70 年代后期，中美建交后，塔沃里萌生了前往沈阳寻找中国恩人的念头。于是，塔沃里写信给时任美国驻华大使的乔治·布什寻求帮助，但依然杳无音信。随着中美两国关系的不断发展，塔沃里寻找中国朋友的心情更加迫切。2005 年 3 月塔沃里把葛庆余的照片寄给了作者，还有当年留下的地址，作者四处走访，终于找到了葛庆余的下落，但此时葛庆余和他的妻子已经故去多年，当年，塔沃里在葛庆余家中见到过

2007年，作者采访塔沃里（右）

一个未满周岁的孩子，也早在幼时夭折。塔沃里得知这些消息后，内心十分悲痛。为了缅怀中国朋友，他特意洗印了几张当年的照片送给葛庆余的子女。2007年，当作者采访塔沃里时他说："看到葛庆余的照片终于回到了他后人的手中，我的内心也终于有了些许安慰。"塔沃里还资助学费给葛庆余读大学的孙女。他说："希望这微不足道的资助，能够给这个家庭带来帮助，也希望中美两国人民之间的友谊，能够在后人的身上得以延续。"

罗森道尔回忆说："我们在战俘营里并不知道外面发生的事情。在战俘营里战俘们能够看到的新闻类读物只有日本人提供的《日本时报》，不仅内容上没有什么积极意义的东西，而且到战俘手里至少要晚近一个月的时间。虽然报纸上都是日本人的说法，但是我们还是可以分析出战事有什么进展，因为日本人总是说他们在赢得战斗，可是美国人却在不断地北上。"由于消息闭塞，因此与战俘在一起劳动的中国工友就成了最可靠的消息来源。"在后期听说的最大规模的战斗已经在菲律宾战场打响，这是中国人带给我们的最好的消息。他们会告诉我们外面的情况。在 MKK 劳作的战俘，每个人都有一些自己的消息渠道。”能够与战友们分享，自己从中国朋友那里得到的“小道儿消息”，成了战俘之间最得意、最值得炫耀的谈资。

幸存美军战俘波利奇在“满洲工作机械株式会社”的一个木材加工场所工作，发现经常有中国人赶着马车把木材送进工厂，有时则从工厂拉出木材。“我们无时无刻不在感觉饥饿，最渴望的就是能弄到吃的。一个赶车运木材的中国人给了我一个炸蚂蚱。太好吃了。”

战俘们不但要弄到食物，而且还要找到一个地方，把这些食物妥善藏匿起来，因为，如果把这些东西偷带回战俘营，就必须通过日本兵的严格搜身检查，这难以得手。波利奇和同伴们很快发现，在木材加工场所的不远处，堆放着一些水泥管子，他们偷来一根，在地上挖了一个坑，把管子埋起来，中国工友为他们弄来的食物就藏在这根地下水泥管里。夏天用木板盖上，冬天被大雪掩埋，就这样藏了许多食物，“我们每天在战俘营里，都十分牵挂这些食物，每天到工厂的第一件事就是要看看它们是否还在。”

美军战俘艾伦在工厂的厨房工作，与他一起干活也有几个中国人。回忆起当时的情景，有一件事令艾伦十分愧疚：“为了不把我们干的‘坏事’说出去，结果王师傅丢了工作。”

原来，艾伦工作的厨房与其他厨房不同，是专门给战俘做

满洲工作机械株式会社日方管理人员

饭的，但有一些设备如库房等都是共用的。库房里，存放着大桶大桶的豆油，那是专门供日本人用的。战俘们发现了这些豆油桶后便打起了它们的主意。一天早晨，战俘们故意把厨房里搞得乌烟瘴气，把锅里的水烧得滚烫，敞开锅盖，咕咚咕咚冒着热气，一时间，厨房里雾气弥漫，伸手不见五指。在烟气和蒸汽的掩护下，战俘们开始行动了——他们拿来一些容器，偷偷地把豆油从桶里抽出来，径直倒进战俘的锅里。这一切，在一旁的中国人王师傅都看在了眼里。

后来，日本人发现少了许多豆油，就追问起来。王师傅是厨房的厨师长，库房及库房里的物品都由他负责看管，豆油丢失了，他自然难辞其咎。“王知道发生了什么事情，因为他就和我们在一起，但是他什么都没说。我在想那会是什么样的情况，丢了自己的工作，也不说出豆油去了哪里。事是我们干的，可是王却什么也不说，他就是不说。本来他是可以说的。”王师傅为此丢了这份养家糊口的工作，艾伦动情地说，“丢了自己的工作，保了我们的性命，这就是王所做的事。”

现年已经 90 岁高龄的李立水，老家在河北省深县。1937

年，七七事变发生后，华北沦陷。到了1938年，日军就已经入侵了深县。13岁的李立水亲眼目睹了日军的烧杀抢掠，给他年少的心灵蒙上了战争的阴影。日军的侵略战争，给每个普通中国家庭都带来了深重的苦难。李立水的父亲此前只身一人在关外赚钱养家，七七事变后，他无法回到关内，就连养家糊口的钱都寄不出去了。为了躲避战乱，家里托人送李立水前往奉天，投奔已经在那里工作多年的父亲。此时，李立水的父亲是在日本人的“奉天造兵所”当电工。

“奉天造兵所”的前身是张作霖创办的“东三省兵工厂”，无论是技术水平、生产能力还是建厂规模，都是当时国内首屈一指的兵工厂。九一八事变后，日本关东军强占了东三省的兵工厂，将其更名为“奉天造兵所”，并成为关东军最重要的军火生产基地，主要生产枪炮、弹药，下设枪所、炮所、枪弹所、炮弹所、机工所、火药所等分支机构，最多时有工人3万余人。

在那个兵荒马乱的年代，如果能到像“奉天造兵所”这样的大工厂谋个差事，就算是一个不错的机会。初到奉天，父亲希望李立水也能在“奉天造兵所”工作，由于年龄太小，一开始被安排在工厂里做“杂役”，干些跑腿打杂的活儿。一年后，李立水成了一名电工徒工。父子俩共事一处，原本是再好不过的，然而，世事难料，父亲因为在工厂里踢了一位日本实习工，因此惹恼了管事的日本工头。为了躲避灾祸，只得离开“奉天造兵所”，转而来到满洲工作机械株式会社。1942年，李立水在关内老家的母亲带着弟弟也来了，全家人团聚并定居奉天。同年，李立水也转到满洲工作机械株式会社，当了一名车床徒工。

李立水回忆说：“在满洲工作机械株式会社里有很多劳作的盟军战俘，他们大都集中在一、二号车间。那是厂子里最大的车间厂房，跨度布局比普通的厂房大约一倍，安装有一排排最先进的机床。李立水所在的三号车间虽然距一、二号车间不过10米，但无关的中国工人是不允许到战俘劳动的车间去的。特别是自从发生了战俘‘越狱’的事情后，这类规定被要求和执行得更加严苛，无关者随便接触战俘、与战俘交往，甚至有丢性命的危险。”

虽然战俘们不在同一车间干活，但李立水经常能碰到一个佩带“266”号战俘牌的战俘。平时，他远远看到“266”在车间里用刮刀修整工件，因此断定他是一个刮研工。但是，有的时候“266”也干些清洁的活儿，到李立水所在的车间扫地。时间久了，了解了这些战俘身份的中国人，都会对他们袒露出同情的眼神。李立水每次与“266”相遇时，两人都会小心翼翼地用友好的目光“打招呼”，因为日本人是不允许无关的中国人与战俘说话或接触的。

一天，李立水和年龄相仿的工友张连才正在车间大门口歇息。一辆马车从身旁经过，车上装着蔬菜，正往工厂厨房运送食物。看到车上的箩筐里装着西红柿和黄瓜，李立水便和张连才一起偷偷赶上前去，跟在马车后面。李立水乘机偷偷拿了两根黄瓜，张连才拿了个西红柿，得手后两人装作若无其事的样子，走开了。回到车间后，两人躲在角落蹲下身子吃了起来。在这时，李立水隐约感到有一个目光正注视着他，他抬头一看，原来是“266”，站在不远处看着他们。从“266”的目光中，李立水似乎感到了一种渴望。瞧瞧四下没有日本人，李立水把手中的另一根黄瓜轻轻地、贴着地面朝“266”扔过去，并用

幸存美军战俘尼尔·加格里阿诺，战俘编号：266

眼神示意：这是给你的。“266”读懂了他的善意，小心翼翼地用手中的笤帚把黄瓜拨到近前，俯身拿起黄瓜，他并没有吃，而是偷偷地将黄瓜藏到在身旁的一台机床的工具箱里，然后也作出一副若无其事的样子，继续清扫。

事情过去了几十年，李立水只记那名战俘的编号“266”，却始终不知道那名战俘叫什么？

2001，作者走访李立水时，听他讲起这个故事，就巡着“266”这条线索按图索骥，对照战俘名册，与美国方面取得联系。2002年年初，李立水终于知道了“266”的全名：尼尔·加格里阿诺（Neil Gagliano，战俘编号：266），美国陆军第803工程兵部队下士。当时，已经90岁高龄的尼尔，依然清晰地记得那根黄瓜的故事。他专门托人转达了对李立水的敬意，感谢李立水当年冒着危险递送给他的那根具有特殊意义的黄瓜。

1943年夏发生的战俘“越狱”事件，最终以战俘再次被捕，并被日军枪毙画上了一个悲壮的结局。而对这次事件调查并没有停止。期间，最重要的调查内容，就是追查逃跑战俘手里那张满洲国地图的来历。

一天早上，开工不久，日本人便把所有中国工人集结在工厂院子里。他们押解着3名出逃的战俘，前来挨个指认中国工人。李立水也站在被指认的人群中，他注意到这3名战俘神情呆滞、身体虚弱，当场谁也没有被他们指认出来。然而，不久后，一则消息在中国工人中间传开了，说有一位姓高的中国工人因为与战俘逃跑有牵连，被日本人逮捕了。传言中提到的这位中国人就是——高德纯。

高德纯是一个老实本分的奉天人，是工厂里为数不多的有带徒弟资格的老师傅。在“满洲工作机械株式会社”的工厂牌匾旁还并排挂有另一块牌匾——“满洲工厂青年学校”，是工厂专门为培养和储备技术力量所设立的技工学校。学校里的学生又被称作“养成工”，都是日本人。他们不仅要在学校里系统学习机械加工知识，还要定期到满洲工作机械株式会社的车间进行实习，高德纯就是带领这些“养成工”实习的师傅之一。

20余名战俘被安排在高德纯手下劳动，高德纯要带领他们从事机床安装的工作。每天早晨见面，战俘们都会友好地同高德纯打招呼，时隔几十年后，高德纯仍然能脱口说出“good morning！（早上好）”。高德纯所带的小组里还有几名日本的“养成工”，一天，一名日本“养成工”突然找到正在干活的高德纯，劈头盖脸地就冲他嚷叫起来。高德纯也不知道究竟发生了什么，但是能够感觉到这名日本人好像是在抱怨，因为一时无法沟通，生性倔强的高德纯终于被这个耀武扬威的日本学生激怒了，便动手打了他。

满洲工作机械株式会社的情况，如同伪满洲国政府一样“奇特”，名义上工厂的一把手是中国人，但是真正说了算，却是任二把手的日本人。高德纯自知打日本人惹祸，所幸先一步跑到日本管事那里告状。果然，那名挨打的日本学生也随后赶来，告发高德纯动手打他。日本人管事根本不相信中国人胆敢动手打日本人，冲着那名日本学生大骂了一通，高德纯这才幸运地蒙混过关。

然而，事情并没有结束。事后，高德纯才知道，那名日本学生之所以冲他抱怨，是因为他放在车间里的课本中有一页地图插页不见了。当时，他就是想要问清楚地图的事。高德纯觉得自己打人理亏，就到街上买了一张地图，偷偷放进那名日本学生的课本里，以此息事宁人。不料，这一举动却给他带来了巨大的灾祸。

经过调查，出逃战俘所带的地图就是课本中消失的那页插图。高德纯被带到日本宪兵队接受审讯。日本人用惨无人道的酷刑对高德纯进行拷问。“罐辣椒水、坐老虎凳、灌灯油……真的是受不了呀”，多年后，高德纯回忆起这些令人毛骨悚然的酷刑，依然声音颤抖、心有余悸。最后，高德纯被屈打成招，承认是自己给了战俘地图。就这样，日本人以“反满抗日”的罪名判处高德纯 10 年徒刑，高德纯被关进了当时的“奉天第一监狱”。

直到 1945 年 8 月 15 日，日本投降，高德纯才结束了两年多的牢狱生活，重获自由。然而，在高德纯被关押在监狱的日子里，家里发生了不幸的变故。由于家中失去了顶梁柱，在焦急和惊恐下，高德纯的妻子罹患重病，出世不久的孩子也因饥饿不幸夭折……

上述故事都发生在奉天战俘营，它见证了抗日战争时期，日军侵略统治的中国人民艰难、痛苦的生活；见证在非常时期，中国工友与盟军战俘之间珍贵难得的患难情谊，也见证了战争期间生命惨遭蹂躏过、人权被肆意践踏的残酷历史事实。

盟军战俘在遭受着日军奴役之苦的同时，也感受着来自中国人民的同情、友善和帮助。在幸存盟军战俘的心中，“奉天”是他们特殊的精神寄托和心灵家园。幸存美国战俘尼尔说：“在日军战俘营的3年多时间是他人生中丢失了的岁月，奉天是他寻找那3年岁月的精神家园。”2005年夏，美国驻沈阳总领事馆特地为李立水、高德纯、葛庆余的家人颁发了感谢状，感谢和表彰他们对关押在奉天战俘营的美国战俘所给予的帮助和关爱，并表示美国政府和人民将铭记他们的人道和勇气。近些年，每年都有一些老战俘回访沈阳，他们也总会讲起当年与中国工友们在一起的故事。

如果说“忘记过去就意味着背叛”，那么，时至今日，我们或许最不该忘却的，就是在二战反法西斯的战场上，中国军民和盟国军民曾经那么近距离地、肩并肩地经历着共同的命运，抗击着共同的敌人，捍卫着共同的利益。

抗　争

在满洲，就在我们的士兵劳役的日本人的工厂，那里的地下埋着世界上数量最多的钳子、扳子和各种工具……那是我们的士兵冒着丢掉性命的危险，以日军战俘的身份给予日本人的有力回应。

——温莱特

太平洋战争期间，在奉天以外的其他地区，日军战俘营都是采用因地制宜或因陋就简的办法，利用所在地现有的兵营、监狱、学校或其他现成的场所充当战俘营，如设立在菲律宾的比里彼得战俘营在战前曾经是普通监狱。而奉天战俘营则是日军唯一一座专门为关押战俘而全新修建的战俘营，可以说是完全依照日军所需战俘的数量、规模以及劳役工厂等实际情况量身打造的，被日军称为“奉天俘虏收容所”(本所)。

1943年7月29日，战俘们从北大营的临时处所搬迁到新址，位于奉天大东区兴民街1段38号北（今沈阳市大东区青光街7号），离战俘劳役的工厂——满洲工作机械株式会社，不足1公里远。就当时的条件而言，这是一个高度专业化、拥有现代化设施的战俘营。战俘营四周筑起两米高的围墙，墙上安着高压电网，围墙的四个角落分别设有日军看守的岗楼，戒备森严。

新址启用后，奉天战俘营旋即被日军粉饰成一个“模范战俘营”。不仅有日军的宣传机构陆续前来造访，拍摄各种宣传照，仅三年多时间里，前来战俘营视察的日本将军和高官就多达20余人次。更为特殊的是，分别在1943年、1944年和1945年，日军先后三次允许国际红十字会的代表前来视察参访，这种“待遇”在日军中是极为罕见的。因为，战争期间，国际红十字会还曾多次向日方提出参访其他地区战俘营的申请，但是大都遭到拒绝。可见，奉天战俘营的存在，对内深受日军高层关注，对外足以“体面”示人。

伪装的“模范”

1943年3月6日，日军开始兴建战俘营新址。英军战俘皮蒂少校在日记中写道：

1943年3月6日：今天，几名美国军官和英国军官，以及所有的营房组长被带到奉天城内，见证新址战俘营的奠基仪式，这里要用来关押战俘，预计建造费用大约500万元。因为对我

们中的多数人来说这是第一次走出战俘营，所以这次出行本身就是令人感兴趣的事情，因为我们沿途要经过中国人聚居区。不寻常的一幕是看到一个体无遮拦的人横尸路边……

1943年6月10日：大多数军官被带到奉天城里去参观即将建好的新的战俘营……

1943年7月27日：开始着手准备往新战俘营搬迁。

“奉天俘虏收容所”这处永久性战俘营的设计收容量为1500人，占地面积49301.5平方米，建筑物占地面积9983.7

奉天战俘营新址

平方米，战俘营房建筑面积 7636.5 平方米，总建筑面积 13730.7 平方米，营房等战俘使用设施总建筑面积 11550 平方米。战俘营内共设有 3 栋 2 层监舍楼房、1 栋 2 层楼房的医院以及战俘厨房、日军司令部和日军看守营房等各自独立的砖瓦结构建筑共计 19 处。各个区域功能明确，专业性极强，使奉天战俘营成为高度专业化的战俘营。

关于这次搬迁，皮蒂少校在日记中这样描述道：

1943 年 7 月 29 日：今天，搬迁到新战俘营。抵达时每个人都经过彻底搜身检查。营房有改善。但是，比起旧战俘营，这里装有 4 米多的高墙和电网带给人十分不悦的被囚禁感，在老战俘营，至少我们还能够看到还有生命存在。

1943 年 7 月 30 日：新的营房已经安装好了水管和水龙头，但是截至目前，还没有水。连续三天的时间里我们只能吃面包，因为老战俘营厨房（里的大锅）已经拆解下来，用来建造新厨房，不过快要建完了。个人物品正在接受搜查，但是本人不得在场。许多私人物品如母亲或妻子的照片都被卫兵撕毁了。这样的行为只能引起更大的愤恨和敌意。

在日军眼里，奉天战俘营这处新址已经成为值得标榜的“模范战俘营”。皮蒂少校甚至认为“它是一个‘宣传’战俘营，因为我们受到过许多次日本宣传队的造访，他们带着拍摄电影的设备前来拍摄我们打垒球、列队前去工厂劳作（负责看押的日本哨兵都躲到一旁）、猜字比赛、拼写比赛、战俘营音乐会、乐队演奏以及圣诞节做礼拜等场景。”从皮蒂少校日记里不难看出，日军对这个“模范战俘营”可谓“用心良苦”。

1943 年 7 月 22 日：特别假日，有“娱乐活动”，为的是配合宣传队的到来，他们拍摄和录音的活动是由战俘营的日本人安排的音乐会、打垒球以及在战俘营墓地的追思活动。

1943 年 11 月 14 日：宣传部队的人又来了。

1944 年 4 月 2 日：宣传队又回来了。命令每个人写一份 150 字的电文，如果不写则需要书面说明理由。有些写好的电文被做了录音。

1944 年 8 月 25 日：一位将军来访视察。一名美国人因为打了工厂守卫今天被判处 20 天拘禁。我们被告知，如果此类事件再发生，将停发红十字会物品，而且还被威胁说，如果我们不写电文配合宣传队，就禁止一切文娱活动。

1944 年 8 月 26 日：宣传队录音我们乐队的演奏。

1944 年 8 月 27 日：宣传队录音了一些发回英国的电文，还录制了猜字比赛等活动。

1945 年 3 月 24 日：宣传队已经到来，要拍摄明天的弥撒活动以及要演奏音乐的情景。

1945 年 3 月 25 日：宣传队录制了一些如猜字游戏、音乐演出等场面，还录制了一些要向英国、澳大利亚和美国等方面进行广播播送的口讯。

第二次世界大战是20世纪人类历史上最惨烈的战争，人性泯灭、生灵涂炭、战火连天，一片混乱。战时，交战国间的外交往来已无法正常进行，必要的外交文书只能通过中立国瑞士居间收转。比如，1941年12月27日，美国政府就通过瑞士向日本提出质询，关切其在战争期间在战俘问题上是否执行《日内瓦公约》？日本政府于1942年1月29日回复美国称：日本并未批准《日内瓦公约》，因此并不受该公约约束，日本在对待其控制下的美国战俘将在“准适用”的情况下遵守该公约。同样，英国政府也于1942年1月3日经由阿根廷代为向日方提出类似的质询，日方在1月29日做了同样的回复。

因此，作为唯一一个能够在战争期间，周旋于交战各国之间的国际组织——国际红十字会，在保护战俘方面，开展了大量艰苦而有效的工作。在欧洲战场，国际红十字会视察战俘营、为战俘们运送救济包裹、周转战俘通信；但在亚洲，在与日本当局交涉的过程中，他们遇到了前所未有的困难。

国际红十字会最早是一家私人机构，于1863年创建，总部在瑞士日内瓦，宗旨是对处于紧急危险境遇的人，提供人道主义紧急救援。它所坚持的基本原则是中立、公正、独立、不干涉政治。经过国际间整合与发展，第二次世界大战爆发前，

国际红十字会代表于 1943 年 11 月参观奉天战俘营，
拍摄了以下照片

战俘营中举办垒球比赛

战俘组成乐队

战俘在下棋

战俘营举办演出

战俘们正在演出

国际红十字会已经成为一个重要的国际组织，特别是由它主持制定的 1929 年的《关于战俘待遇问题的日内瓦公约》(简称《日内瓦公约》)，为在战争冲突和人道主义危机期间的国际间行为准则，提供了重要的国际法依据。

依据《日内瓦公约》，交战国的每一方都可以选择一个中立国作为其“保护国”，保护其在敌国领土下的本国利益。保护国有权访问战俘营并与战俘进行单独交谈。公约第 87 条规定：交战国不得妨碍国际红十字会为战俘所进行的人道主义工作，并强调其必要性，认为掌握交战各方对待战俘的情况，有利于居间的谈判和斡旋工作。但是，即便有国际法的保护，红十字会的工作还是受到日本政府的严重阻挠。

战争初期，被盟军俘虏日军战俘人数极少，远低于在日军手中的盟军战俘人数，因此日本官方并不把国际红十字会的工作放在眼里。日军拒绝承认国际红十字会设立在泰国、新加坡、爪哇、苏门答腊、菲律宾和婆罗洲等地的代表机构，只承认日本、上海和香港的机构。缺乏法律基础，这样一来，国际红十字会在日占区的工作甚至充满了危险，比如国际红十字会在婆罗洲的代表威舍尔夫妇，就因为向战俘提供救援而以“间谍罪”被日军处死。

在许多历史纪录片中，我们都能看到“红十字包裹”这种国际红十字会在全世界范围内为战俘发送的救济包裹。包裹中有食物、烟草、个人卫生用品以及一些医疗用品。这些“红十

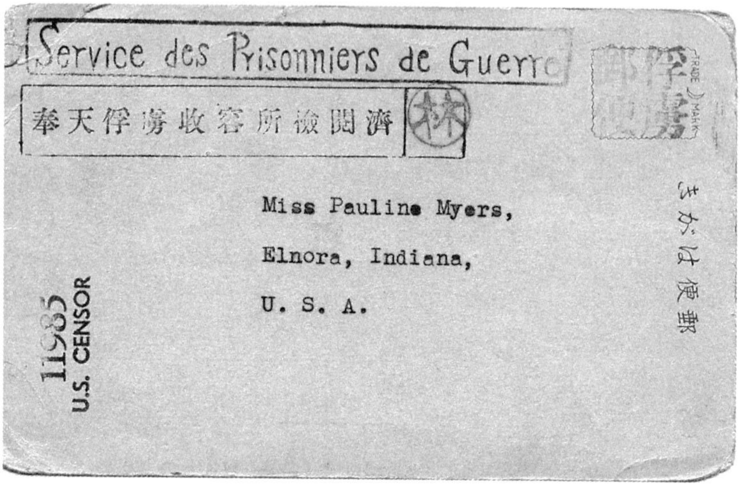

Service des Prisonniers de Guerre

奉天俘虜收容所檢閱濟 林

俘虜郵便

TRADE MARK

郵便はがき

Miss Pauline Myers,
Elnora, Indiana,
U. S. A.

11985
U.S. CENSOR

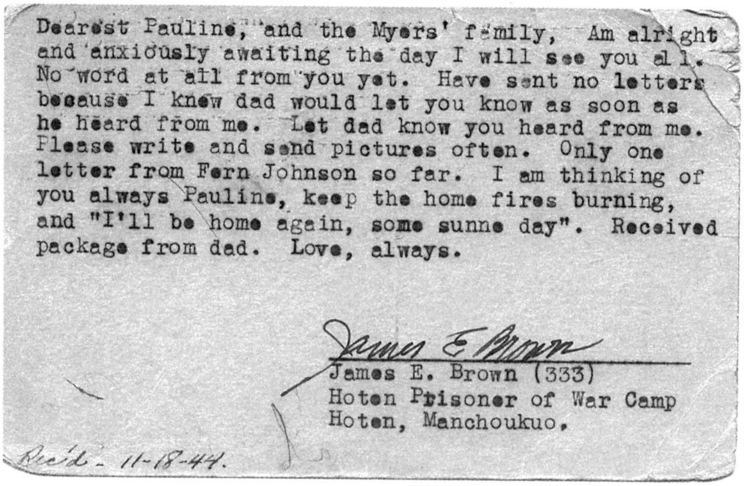

Dearest Pauline, and the Myers' family, Am alright and anxiously awaiting the day I will see you all. No word at all from you yet. Have sent no letters because I knew dad would let you know as soon as he heard from me. Let dad know you heard from me. Please write and send pictures often. Only one letter from Fern Johnson so far. I am thinking of you always Pauline, keep the home fires burning, and "I'll be home again, some sunne day". Received package from dad. Love, always.

James E. Brown

James E. Brown (333)
Hoten Prisoner of War Camp
Hoten, Manchoukuo.

Rec'd - 11-18-44.

美军战俘詹姆士·布朗（战俘编号：333）保存的当年寄给家人的邮件，上面记载1944年11月18日收到

字包裹”不仅给予战俘们物资上的补充，更为重要的是，它是一剂心灵的安慰，鼓舞了战俘们低迷的士气。

二战爆发伊始，国际红十字会旋即调集了2700万个救济包裹，向世界各地发送。包裹主要来自英国、美国和加拿大。这些物资在欧洲地区的发送还算顺利、有效；但在亚洲地区即在日本控制地区，则严重受阻。1942年8月，日本宣布在其所控海域严禁中立国船只甚至是悬挂红十字会旗帜的船只进入，此举导致国际红十字会发送给战俘的物资无法送达。从1943年9月起，大量拟发往亚洲地区日军战俘营的“红十字会包裹”堆积在苏联的海参崴港口，日方辩称，其运送物资的船只遭到盟军炮火击沉。

奉天战俘营由于地利之便，曾经收到过少量经由陆路运输发来的“红十字包裹”。这些包裹虽不足以改变战俘营缺医少药、缺食少穿的局面，但对战俘们而言，能够由此感受到来自国际社会的关注和关怀，当是一笔弥足珍贵的精神食粮。

在通信方面，只有极个别战俘有机会与家人通信联系，但是这些信件都要经过日军的严格审查，而且会耽搁很久。1945年8月15日，日本投降，奉天战俘营解放的当天，战俘们在战俘营的仓库里，一共发现了65袋被扣押的信件，很多都是两年前收到的大洋彼岸的来信。就连国际红十字会代表机构间的往来公函，因为需要经由东京周转也遭到日本的审查和扣押。英军战俘皮蒂少校在日记中写道：

1943年7月16日：提交了20份含35个字的电报交由东京电台广播出去。今天，最大的事件就是签署我们在5月份就已经写好的信件。日本人对允许我们写多少封信有些敏感，因为他们把我在信件中提及这一情况的内容给删除了。我认为依照国际法则，应该允许我们每月写一封信。

1944年1月11日：收到美国人的466封信件和15个包裹。这些邮件是1943年7月1日到1943年9月15日期间邮寄的。对收到包裹的人做了简要说明，你们不要抱怨邮件被搜掠过，因为到达这里之前包裹就已经被打开过。不过，我们注

意到在过去的三周里就看到过日本人在办公室里喝着巴西咖啡。(暗指日军在搜查战俘的邮件时偷拿了邮件里面的物品——作者注)

1944年9月10日：盼望已久的信件终于发放了，被扣押了102天，一共分发了1150封，都是来自美国的。

1945年3月1日：发了113克奶油和4块正常大小的糖块。今天美国人收到一些信件，据报有个翻译官曾说这些信件一年前就被检阅过了。我们也知道这些邮件是与上一批红十字会物资同时到达的。战俘营的职员给人的印象是，有一些规定限制了信件可以一次分发的数量。这次给出的数量是2500件。英国人自上次收到信件到现在已经一年的时间了。

1945年3月23日：收到5份电文，说其他给我们的信件也应该已经收到。电文中提到发信的人们每隔两周就写一次信，所以可以看出国际红十字会是做了一些安排，保证每两周能接收信件（估计还要转发给我们）。这也使得事情变的更加奇怪，因为到目前为止，我们英国人根本就没有收到过寄至满洲的信件。我们所收到的那些信件还都是从朝鲜转寄过来的，而我们1942年就已经离开那里。

1945年6月8日：发放了大约1500封信件，这些信大多数都已两年之久。

1945年8月17日：我们从日本人的办公室弄出了我们的信件，估计能有30000封，很长时间都没有人碰过，有些被老鼠咬过，大多数都有两年之久。我找到了22封我的妻子写给我的信，还有几封是我的岳父写来的，日期是1942年7月——已经3年多的时间了。

国际红十字会代表虽然被日军特许访问奉天战俘营，但所有来访人员必须由战俘营日军司令官陪同，任何情况下都不得与战俘私下交谈，因此很难了解到战俘营里的真实情况。

1944年9月19日，国际红十字会驻东京代表安哥斯特向日本递交访问奉天战俘营的申请，经过漫长的等待，直到1944年12月6日才得以成行。来到奉天战俘营后，安哥斯特受到日军严格的监视和限制，除随行的日本外务省桑岛事务官外，日本关东军也派出神谷参谋、粟林中尉全程“陪同”视察，战俘营司令官及主要官员出面介绍情况。安哥斯特与战俘代表的交谈，必须有上述陪同人员在场监视，在一千多人的庞大战俘群体中，日军只安排了2名军官和2名士兵战俘代表进行谈话。

曾经参加了此次会面的英军战俘皮蒂少校在日记中写道：

1944年12月6日：（日本人）给了一些玻璃，要替换掉一些（遮挡门窗的）纸壳板。自11月23日以来第一次吃到肉。毫无疑问，这两样都是为国际红十字会的阿切斯特先生（应为安哥斯特Angst之笔误——作者注。）今天的到访而搞的“橱窗粉饰”。翰金斯（Stanley H. Hankins，美军战俘代表，战俘编号：1）少校及我本人都与他进行了交谈，现场情况还是像从前一样。他问了很多问题，我回答问题时也不像去年那么小心谨慎，因为有太多的事情需要解决，如果有机会也要冒着被报复的风险去争取。关于待遇问题，我说，过去的一年来情况有所改善，因为自三木中尉离开以后发生的殴打现象没有从前那么多了。我相信他了解到了问题的重点——那就是殴打现象还依然有。于此同时，日本人还会以为我是在恭维他们有所改善。当然，这是与他们进行周旋所必须掌握的手段。我还提出希望如果可能应该提供牙病治疗，还告诉他我们自从抵达以来，既没有过牙病治疗也没有过眼病治疗。翰金斯还提出要增加食物和靴子，我也提出了要求增加外科治疗设备的条件。

幸存美军战俘米德尔顿回忆说：“红十字会人一到来，日本人便开始表演了。战俘厨房里准备的食物，竟然有了猪肉和其他美味的食物。可是当来访者一离开，这些东西便被日本人拿去享用，而来访的人得到的自然是另外一种印象。”

视察后，安哥斯特代表国际红十字会作了一份报告——《“奉天俘虏收容所”视察报告》，报告原文为法文，分别送交国际红十字会总部、美英日等国红十字会代表处以及美英日等国的外交部门。报告介绍了战俘营的基本情况、营内设施、饮食和作息时间、病患治疗、劳役及“酒保”（小卖部）情况、

国际红十字会拍摄的奉天战俘营厨房

战俘通信等，内容平铺直叙，对战俘们遭受的虐待只字未提。

回首历史，仅就当时日军提供的视察条件而言，这份报告究竟能够在多大程度上掌握奉天战俘营真实的全貌？安哥斯特是否了解和掌握了盟军战俘所遭受的虐待、所经历的磨难？或许都要打上一个大大的问号。难怪有一些幸存战俘看到这份报告后，不仅对报告里面的内容颇多微词，甚至质疑报告中部分内容的真实性。

安哥斯特走后，1945 年 8 月 5 日，接替安哥斯特的瑞士人马绍尔·朱诺也来到奉天战俘营考察。朱诺，1904 年出生于瑞士纳沙特尔州，日内瓦大学医学院外科专业毕业。从 1935 年 10 月起，朱诺受国际红十字会派遣，先后前往埃塞俄比亚、西班牙等地，视察战俘营，慰问伤兵，开展国际救援活动。与朱诺一同来奉天的，还有国际红十字会的玛尔卡莉塔·斯托雷女士，这位女士出生在日本横滨，在国际红十字会里专职负责美国战俘的相关事宜。

朱诺眼中的奉天战俘营是什么样的？可以从他晚年出版的

回忆录《第三个士兵》中找到答案。朱诺写道:"我们一行乘车通过了工厂林立的工业区,面前出现了四周有白墙、铁丝网和监视塔的场所。"他们被领进战俘营内的日军军官食堂,陪同他们的战俘营司令官松田元治"双手放在剑鞘,将身子深深地陷入沙发中,急声催促着我们坐下",之后,松田就"像一名教授对待学生那样开始了他的讲义"。松田等人首先拿出各种地图和统计表向朱诺一行介绍了奉天战俘营的概况。周围坐着二十几名日军军官,"欠着半坐在椅子上的身体,不断发出欢呼和附和的感叹"。在沸腾的示威性赞叹中,松田"时而高

国际红十字会驻东京代表朱诺(中)在与盟军和日军代表研判确认战俘营所在地点

高地举起右手，用脚踢着地面；时而点头，做出奇妙的手势，尖声讲着”。转眼间，限定的参观时间已近过半，朱诺提出要看望被押的战俘，松田以战俘都在工厂劳动为由拒绝了她。之后，朱诺一行被领导战俘营内所谓的医院，朱诺详细地描述了当时所见的情景：

靠近窗户有三四名战俘站立着，在我们经过时低下了头。不能起立的战俘们在床上盘着腿，挽着腕，在他们绷带、伤口能够允许的情况下，尽可能地低下头。待最后面的日军军官通过后，才抬起了头，保持着笔直的姿态，目光直视天棚，一直没有同我们的目光进行交会。我的手沁满了汗水。同行的玛尔卡莉塔的脸色变得像死人一样苍白。正在松田要出门的时候，我勇敢地走到 4 名战俘的面前停下了。四人之中，3 个人是英国人，1 名美国人。“你们当中有医生吗?”我尽量用平静的语气探询道。谁也没有回答。我背后的日本人也沉默了。我抬起头，继续在他们面前提问。因为他们一直直视天棚，所以我只能看到他们的下颚和半个脸。我毅然地向松田提出：“我可以向他们提出问题吗?”也许日本人为我的大胆感到吃惊，也许松田也不想惹更大的麻烦。松田走向窗边的一个战俘面前说：“这个澳大利亚人就是医生。”我走向了这个战俘，伸出了手，可是那位战俘没有任何反应。他低下了头，但不是看我，而是看着松田，似乎在征求松田的同意。数秒后，那位男子伸出了手，同

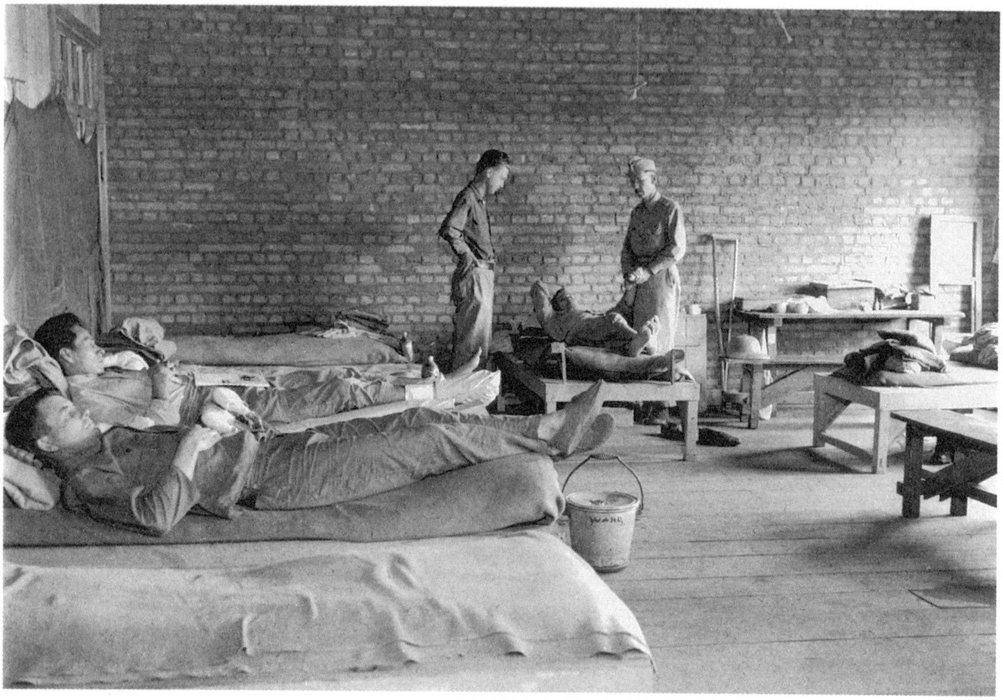

战俘营医院病房

我握手。我急急忙忙地说明了我是谁和来此的目的。那位男子用极其简短的话回答了我的提问。而每次回答问题都看着日本人是否在点头。

从医院出来，朱诺被带进了装满红十字会包裹的仓库。仓库里的包裹大部分是通过苏联船只经旧金山、海参崴，在朝鲜港换日本“阿波丸”号，从釜山运到奉天的。当朱诺看到这些几经周折、费尽千辛万苦奉天战俘营的救援物资，被日军堆放在仓库中，而不是发放到战俘手中，其心中的愤怒可想而知。

随后，朱诺一行又视察了奉天北郊的一处战俘营墓地。在回忆录中，朱诺写道：

墓地的高处，竖立着高高的白色木质十字架。在周围，无数小十字架列成数排。在走向十字架的途中，我随手摘下路边的野花，制成了花环。随行的日本军官也仿效我做起了花环。对生者冷酷无情的他们，对死者倒是有着无限的敬畏。一边沿

神职人员在战俘营墓地举行追思弥撒

着十字架走，我一边默读这木牌上死者的名字，一共有200多死者。……在寒冷的中国东北的山地里，还有1000余名战俘，也许他们失去了归国的欲望。我能够见到的只是像奴隶般地低着头，嘴只能像墓碑一样沉默的几个战俘。

结束了奉天战俘营的视察后，几经交涉，朱诺一行终于如愿以偿地见到了温莱特将军，在回忆录中她写道：

在我的眼前突然出现了令人惊奇的景象。温莱特将军等人身体一动不动地站在屋子的中央。松田的战刀一敲动地板，他们马上规规矩矩地低下了头。我不禁侧过脸，试图不去看这一景象。在队伍的末端，似乎有一位战俘在努力拒绝这种屈辱。

在经过极为简短的交谈后，朱诺几乎是被日本人推搡出去，结束了这次会面。她愤怒地说：“历尽千辛万苦，用近两个月的时间辗转来到东北，却不到两分钟就结束了会谈。”

安哥斯特的报告与朱诺的回忆录，都记录了奉天战俘营的历史。前者作为官方报告，尽量用数据和统计来陈述事实，避免在文字上造成不必要的纠纷；后者则通过私人的视角，带着更多的同情与理解。但是，在日军跟监下的人道主义考察，毕竟是有局限的。两人的文字记录里，都没有提及日军对战俘所犯下的暴行。

特别是在战后的远东国际军事法庭上，在“关于战俘问题的总结”的辩护综述中，为甲级战犯进行庭审辩护的辩方，竟也公然拿出红十字会的视察报告为依据，辩称奉天战俘营的医疗、住宿和衣食等方面情况良好，甚至诡辩盟军战俘并未受到恶意虐待，还将战俘待遇条件的恶劣情况归咎于战时经济情势下的物资匮乏，认为奉天战俘营的条件之所以良好，是因为这里未出现物资匮乏和缺医少药的现象。日本军国主义发动侵略战争，给邻国人民带来深重的灾难。然而，在国际法庭上，他们却用战时经济低迷为自己的虐俘罪行开脱辩解，这是多么荒谬的逻辑！多么无耻的行为！真是滑天下之大稽！

暴怒的“公牛”

在奉天战俘营里，日军有一些专门的惩罚制度，如“重营仓”（单独关禁闭）、“重谨慎”（集体关禁闭）等，使盟军战俘备受欺凌。这些严苛的战俘管理理念源于日本的武士道精神。武士道精神中最基本的准则就是宁死不降，投降是对国家、家庭和本人的莫大耻辱。战死疆场是至高无上的荣誉，唯独不能投降，这就是日本人的战俘观。

表面上看，未加入《日内瓦公约》是日军肆意虐待、奴役战俘的体制根源，那么这种扭曲的“日式战俘观”，则当是更为深层的思想根源。时任日本内阁首相兼陆军大臣东条英机说：“以战俘身份活着就是活得没有丝毫荣誉”。这与西方以保

这个外表看似平常的建筑是日军司令部，就在这座建筑的里面还设有专门用来惩罚战俘时使用的禁闭室，日本人称之为“监视室”

全和尊重生命权为准则的战俘观大相径庭。幸存美军战俘布鲁尔准将(William E. Brougher，战俘编号:1599）在回忆录中说:“在战争观的问题上，美、日之间存在着巨大的、不可调和的差异，这方面最好的例证莫过于我们（美国人）能够本着尊重的态度对待战俘。”

因此，奉天战俘营里的盟军战俘所要面对的，不仅仅是饭食难以果腹、缺医少药和凶残虐待，更难以忍受的就是完全丧失了人格和尊严。战俘们稍有不慎，甚至莫名其妙地就会招致日军看守的毒打，无论是士兵还是将军，无论是年长或是年幼，概莫能外。

幸存美军战俘皮泰克发现，奉天战俘营里的看守负责押运战俘的日军不太一样，“这里的看守来自关东军，更加严苛。外出到工厂劳役的战俘每天早晚进出战俘营时，都要在专门的‘检身场’接受严格的搜身检查；任何时候不得有10人以上同时聚在一起；日军司令官不定时地以训令的形式颁布管理条令。”

美军战俘艾伦说:“在奉天战俘营，起床时间规定是在早上6点，点名时间是在早上6点，吃早饭的时间还是在早上6点。这种毫无道理、毫无意义的时间表要求我们（战俘）必须遵守……它也因此给日军看守提供了许多惩罚战俘的机会，严厉惩罚的形式不仅有不许吃早饭，还有在雪地里罚站、挨打，甚至被关禁闭……一切依当场日军看守的个人心情而定。”

对于日本人殴打战俘的情况，皮蒂少校在1945年12月写的“以战俘身份在满洲期间的情况的报告”中做了这样的总结：

殴打：殴打的事情如此经常发生，以至于不会有谁再会把它当作什么不同寻常的事情，予以记载。如果有谁被怀疑到、或者是被逮到违反战俘营的规定，那么他就会被讯问，为的是要找出还有其他什么人与此有关。如果同一问题问过几轮还是同一个答案，那么用拳头或鞋底子掌嘴便是最常见的开场。

日本人本身就是彻头彻尾的说谎者，他们不相信别人会愿意说出真相：因此，（按照他们的思路）第一次讯问得到的说法一定满是谎言，真话必须通过使用疲劳讯问的手段才能得到。如果他们已经穷尽了方法，而交代的内容依然不变，那么他们会认为这是实话。不过，他们用这些方法也的确动摇过一些人的抵抗，因为时常会有这样的情况发生，一旦有一个人被逮到，他们随后就会突然造访“骗局”中的其他人，因为他们已经从被逮到的人那里诱供出了其他人的名字。

还有很多时候，战俘会因为区区不足挂齿的小小冒犯而遭受毒打，我也发现了日本人做这些事情是出于怎样的想法。在日本，孩子从一出生起就有了自己的“履历表”，由警察掌管。所有的事情都填写记录在这个表上。例如，如果某人为救火出手相助，那么他就会得到荣誉并记录在案。如果他因违规泊车而收到传票并被处罚，就会被以污点记录在案。所有这样的记

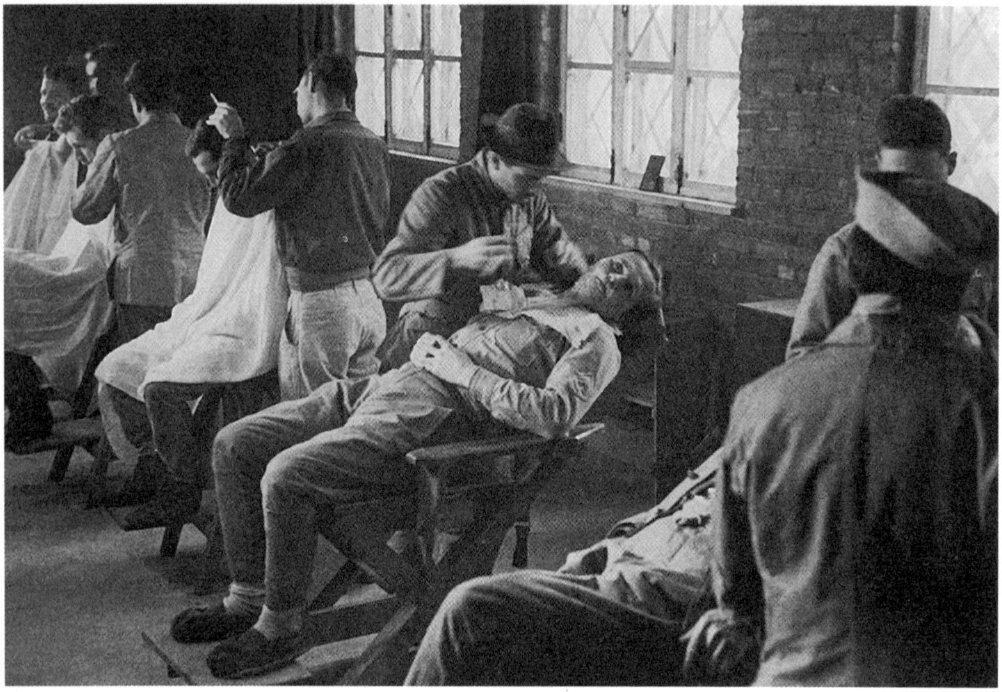

战俘营的理发店

录都用红色记载，所以日本人把有这样的红色记录视为可怕的事情。因为，无论男女不通过履历表审核就无法找到工作，而红色记录是他们得到工作的一个非常严重的障碍。所以，比起将可怕的红色记录填写到某人的履历表上，当场就地解决问题，痛打他一顿，是更加善待他——他们是在把自己的做法强加给我们。

在皮蒂少校的日记里，有关战俘被“关禁闭”的记载随处可见：

1943 年 10 月 28 日：今天，5 名未经审判从 1943 年 7 月 9 日和 13 日起就被拘禁在禁闭室的人被释放了。这期间，他们不许洗漱洗澡、不许剃须理发。140 天不做任何审判。他们中的 3 人是约翰逊、哈特曼和希尔顿，都是美国人。

1943 年 10 月 30 日：来自皇家兵团第二旅的二等兵利默尔两天前在 MKK 买苹果被逮着了。今天他遭受毒打，未经审判就被丢进了禁闭室。到星期一之前我都没有采取（抗议）行动的机会，因为所有的日本军官都不在。

1943 年 11 月 1 日：我就二等兵利默尔被打并被关进禁闭室提出了抗议，他被判处 10 天拘禁。发放了少量的猪肉：现在蔬菜的情况依然还好。

1943 年 11 月 16 日：二等兵哈利斯和另外 4 个美国人因为在 MKK 喝醉了，被关进禁闭室。他们的外衣和大衣都被剥下，而且还没给他们毯子。全天的气温都在零摄氏度以下。

1943 年 11 月 18 日：晚间气温摄氏零下 17 度，白天摄氏零下 9 度。二等兵哈利斯和其他几人因为偷酒精被判处 5 天拘禁。

1944 年 7 月 24 日：今天，工厂劳作时间提前了半个小时，晚了半个小时收工。皇家陆军工兵部队准下士法兰特遭到殴打并关进禁闭室，因为在前去工厂劳作时兜里装有 1.35 元钱，结果他被判罚 5 天缓刑。

战俘们常常在暗地里，给那些横行霸道、作恶多端的日军看守起外号，不仅是发泄对他们的憎恶，也是通向形象特征来给其他战俘提个醒，以免犯到他们手里，遭遇不测。有一个名叫佐野的日军看守，暗地里被战俘们称作“恶狼”。这个“恶狼”常以某个战俘对他敬礼时动作慢半拍为借口，毒打战俘，而敬礼快慢的标准，则完全视他心情而定。

在奉天战俘营里，最臭名昭著的日军看守是“公牛”。“战俘营里有一个日本人，太凶残了。他是一名尉官，是非常非常凶残的日本人。每回只要他是值日官，我们不得不早一点起床，穿好衣服，吃一口东西，然后出去点名。有的人干脆穿着衣服睡，一醒来马上下地，吃点东西，冲出去点名，然后列队去工厂。”艾伦描述的就是被称作“公牛”的日本看守石川，他是战俘营里的二号人物，几乎每个战俘都领教过“公牛”的残暴。“他是个铁石心肠的家伙，脾气就像湍急的河流一样变

战俘营日军看守石川中尉（右），盟军战俘称之“公牛”

2007年4月29日，作者在美国纽约拜访赞达（左）

化无常，狂暴凶残。战俘营里发生的每一次暴行几乎都离不开他。”

艾伦记得有一次，战俘们正在点名，很多人用英文回答，被“公牛”发现了。“公牛”说要用日语报数，可是领头的美国军官说“我们不会说日语”。“结果，我们开始就地学习日语，一直到了晚上9点钟，我们报数，每个人都用日语报完数，才回到营房，晚饭也吃得很晚。他就是这么一种人，我们都把他叫做‘公牛’，因为他就像是一头狂躁的公牛。”

幸存美军战俘赞达回忆说，在战俘营里遭到日军的虐待是太普遍的事。一次点名的时候，赞达正待在床铺上。突然，“公牛”吼叫着冲他走了过来，劈头盖脸就是一顿毒打。“直到现在我都不知道他为什么要打我。”

皮蒂少校的日记里，记录有很多关于“公牛”的暴行：

1943年7月8日：今天早晨，我又一次目睹了令人不堪入目的一幕，而且近来这样的场面发生得日趋频繁。来自英国皇家兵团第二营的二等兵利莫尔被石川大尉朝着面颊殴打3拳，倒地之后又被他猛踢，只因为向他鞠躬时手中还拿着煤筐和铁锹而没有放在一旁。还有3个人被三木中尉用大约1米长的木棒殴打，其中两人被打倒在地，只因为他们在把毯子拿出去在营房旁边的绳子上晾晒。抗议后得到的回复是“从现在起暴力行为就是政策”。（这几个人都是美国人）

1943年10月12日：今天再次发生了殴打事件。4名美国勤务兵遭到毒打（他们被用木剑打倒在地），说是因为发现美国军官营区内的洗漱池太脏。第954号战俘（姓名不详）（经考，此人系埃尔文·E·斯图亚特：战俘编号第954号，美国陆军远东部队司令部工程兵部队技术军士——作者注）被石川大尉用战刀的刀面打了30多下。霍尔纳上尉目睹了这一切，称之简直令人厌恶。（第954号）被打的理由是：一个哨兵对他说了什么，但是他没听明白，石川便双手举起战刀，双脚跳起，奋力进行殴打，被打者不得不接受救治。

1943年10月26日：昨天夜里，石川大尉抓到了5个前去上厕所时手里拿着点着的烟的人。今天早上，点名时让我们等了40分钟以后，他把那几个人叫了出来，把他们打倒在地，用他的战刀（在刀鞘里）猛戳，随后沿着列队再次把他们打倒。他们都是美国人。……接续着早晨的表演，石川大尉又用他的战刀殴打了美国陆军信号兵部队的列维中尉，原因不明。这些日本人不是毒瘾发作就是发疯了，欧洲人真的太不了解这些人该有多么凶残。今天，还发生了另外两次殴打事件。一位年龄稍大、约50岁的人，他那一年前发的裤子已经穿破，曾先后3次拿到缝纫组去缝补，都遭到那里的日本负责人的拒绝。三木中尉和村田中尉扒下他的裤子，狠狠地殴打了他一顿。另外一次殴打的情况是，一个在煤堆旁劳动的人迷了眼睛，但负责的日本人不给他机会把眼睛弄好，并把他带到三木那里。他被要求双手撑地，如果坚持不住了，就会遭到三木和村田的殴打，这样的情况持续了足足有半个小时以上。

1945年2月11日：发了170克午餐牛肉和4小块糖。晚饭里有鱼。我们告别了“公牛”——石川。（战俘营副官：他的名字按字面翻译成石头、河川，但是对大家而言，他以“公牛”得名，因为他生性狂躁，无法自制。）

在所有的刑罚中，最令战俘心惊胆战的是日军的“重营仓”，也就是单独禁闭。战俘们把它叫做“比战俘营这个人间地狱更黑暗的地狱”。一个人被关在禁闭室里，冬天潮湿阴冷，夏天闷热窒息，单独禁闭至少要连续进行3天，那时，能活着出来就已经是不幸中的万幸了。

罗森道尔回忆说，有一次就因莫名其妙的原因不幸被关进了禁闭室，日本人怀疑他在战俘营里搞破坏。“关禁闭用的就是一个木笼子，4英寸 ×4英寸的木板做成的。笼子的大小让你站不起来，也躺不下去。你必须从笼子的一角挪到另一角，

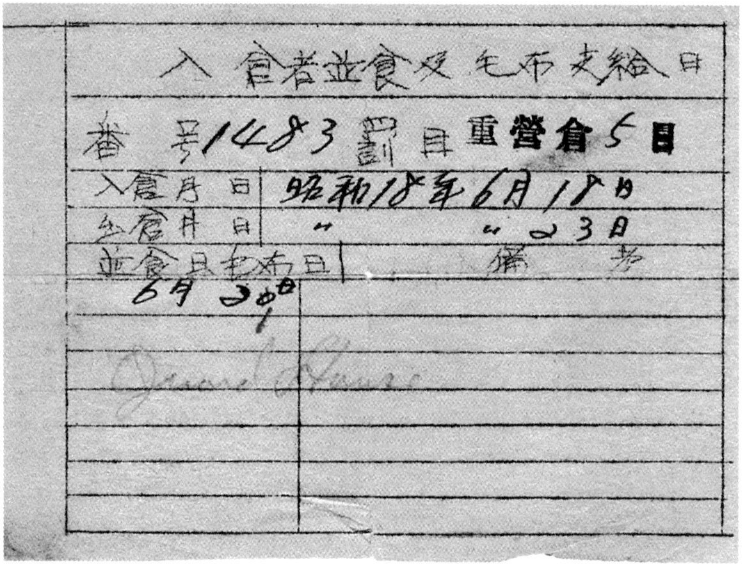

入倉者並食及毛布支給日

番号1483 罰目 重營倉5日

入倉月日 昭和18年6月18日

出倉月日 〃 〃23日

並食及毛布日 | 備考

6月20日

美军战俘丹尼尔·罗伯茨（战俘编号1483）于1943年6月18日至23日在沈阳战俘营被日军判处5天“重营仓”（即单独禁闭）。这是罗伯茨保存至今的当年的“罚单”

就这样待着。巡逻的日本哨兵不让你歇下来，用刺刀捅醒你，让你起来，一天一点儿觉你也别想睡。”被关禁闭的两天里，罗森道尔不断提醒自己要坚持活动，以保持身体温暖，不能够睡觉，要是睡着了，就会冻死。“天气非常冷，没有供暖。给了两条毛毯，半盒水。到了晚上，必须把水盒放到毯子里或放到身边，否则如果把水忘在了外面，就冻成冰了。”

幸存美军战俘波利奇曾经在战俘营的禁闭室里被关押了3个星期。导致他遭此不测的原因，竟然是一次不经意的“冒犯”。

一天早晨，波利奇和其他战俘一起到达劳役工厂，只见一队日本兵正在厂区里时而躲藏，时而出击，一副十分严肃认真的样子。在他们的对面，还有另外一队日本兵像是在与这队人马进行对峙，做着同样的动作。原来这是日本兵在进行操练演习。波利奇和战俘们没有理会这些日本兵，径直从正在操练的日本兵中间穿过，奔着自己的劳动场所走去。就在战俘们到达劳动场地，整理工装的时候，突然，一名日本军官气急败坏地来到战俘跟前，大呼小叫起来。战俘们没有听懂他在吼什么，但显然是此前战俘们对日本人的操练不予理会的态度，“冒犯”了这名日本军官。日本军官冲着战俘们训斥一通便离去了。关上工作间的门，一名战俘哈哈大笑起来，不料这笑声隔着门传到了日本军官的耳朵里，他又折回来了。这次，日本军官被彻底激怒了。他让战俘们站成一排，挨个儿扇他们耳光。波利奇因为在排尾，乘机溜走了。自以为已经逃过一劫的波利奇，还是没能躲过接下来的灾祸。

从工厂回到战俘营后，波利奇与同组的8名战俘被点名叫到一旁，待其他战俘被搜身完毕返回营房后，当日值班的日本军官和翻译走过来对波利奇等人挨个询问，并把他们挨个送进了禁闭室。轮到波利奇被询问时，日军问波利奇：“工厂里的日本军官是否有权殴打战俘?”波利奇回答说：“不知道”。这样的答案显然不能让日军满意，同样的问题他再问了一遍。迟疑片刻，波利奇选择坚持同样的答案“不知道”，也终于因此招来大祸。在场日本翻译对波利奇一顿毒打，并把他关进禁闭室。“我的嘴里面都打破了，一连几天都能从嘴里吐出血来，脸也肿了。"

"我们进出工厂都要接受严格搜身检查"，美军战俘瓦特说，"进出战俘营还要在'检身场'再接受搜身检查。"不仅如此，迁移到战俘营新址后，从战俘营到满洲工作机械株式会社不到1公里的路程，日军专门用铁丝网围拢出一条道路，用作战俘前往劳役工厂的专用通道，与外界基本无法接触。尽管日军的看管如此戒备森严，但还是会有战俘敢于冒险，碰碰运气。

美军战俘迈瑞尔回忆说，那天是平安夜，他和其他战俘都还在工厂里劳动。有一名战俘想要偷着搞一点工厂里用作防冻液的酒精回营房，为的是能在圣诞节喝上一口，以示庆祝。不知道他从哪里竟然弄来一对胶袋用来装酒精。他以为已经到了平安夜，日本人肯定不会像平时那样进行搜身检查了，结果，他的判断完全错了。在战俘们排队进行搜身检查时，他把装酒精的袋子藏在衣服里。看到日本人仍然照常进行检查，依旧十分严格，他赶忙趁日本人不注意把袋子扔到了身后的一个沟里。不幸的是，过了一个小时，日本人还是发现了那两个装有酒精的袋子。

当天值班的日本军官是"公牛"石川，他把所有在工厂劳动的战俘带到了操场，让他们冒着零下二十多度的严寒一动不动地站在那里思过。干了"坏事"的那名战俘想站出来承认并愿意一个人接受处罚，但是其他战俘不同意，他们告诉他"挺住，不要说"。他们宁愿站在这里冻死，也不能交出战友。就这样，战俘们在寒夜里站着度过了平安夜。直到12小时后，一个来换班的日本军官说了声“解散”，战俘们才拖着已经冻僵的身子回到营房。

美军战俘韦佛说，一次因为没有听见“公牛”对他说了什么，而没能按照他的要求去做，结果“公牛”就用他的佩刀刀鞘狠狠地打了他。“他把我打倒在地，我先后4次挣扎着站了起来。可是，到了第五次倒下去时，我就决定不再站起来了。以前，我也被枪托、刺刀殴打过，也被用皮靴踢过。可是，这次我被狠狠地毒打了，受伤了。”韦佛说，“公牛”如此残暴既是他本人性情所致，更是因为在日军看来，我们这些投降者就是低人一等的人。

此前，战俘们时常趁外出劳作的机会，偷偷往战俘营带些东西。可是，领教了“公牛”的严厉和残暴后，几乎再也没有谁敢在他当班负责搜身的时候偷带东西了。为了能够及时得知“公牛”是否当班，在工厂劳作的战俘与留守在战俘营的战俘，私下达成了一个秘密约定：只要是“公牛”当班，战俘营营房朝向工厂一侧的窗户外，就会挂出一条白色毛巾。在工厂里劳作的战俘们看到这个信号后，就会互相转告“小心，公牛！”

暗中较量

虽然远离了硝烟弥漫的战场，过着被囚禁的艰难生活，但战俘们仍然在同日军进行着斗争。战俘们想尽办法暗中搞破坏，以他们自己的方式对抗着。特别是当战俘们发现，他们劳役的工厂都是生产军需产品的，他们亲手制造的飞机配件、枪械皮具、军用帐篷是用来杀人的，而屠杀对象又都是自己的同胞，他们终于忍无可忍，决定反击。一场暗中的较量在战俘营，悄然展开。

幸存英国战俘亚瑟·克里斯蒂(Arthur Christie，战俘编号：1228）说："虽然远离了硝烟弥漫的战场，过着艰难的生活，

从事装卸工作的战俘

我们每个人仍然同日本人进行着战斗。”但是，战俘们十分清楚，如果采取极端手段来反抗的话，日本人肯定会对他们施行更残酷的惩罚，这方面的教训他们已经领教得太多了。所幸，战俘们很快发现，他们劳役的工厂提供了反击的大好机会。

美军战俘艾伦说：“虽然我们投降了，手里没有了枪，可是我们的心里还想着战斗。我们每个人都在想尽各种办法，在工作的时候搞破坏。哪怕是磨洋工也算是一种抗争。”

初到工厂劳作时，艾伦和一些战俘被命令清除车间厂房之间的石头，他们要把石头装上轨道车，然后沿着一条窄轨运送到工厂外。一共有两辆轨道车，战俘们被分为两组，各组负责一辆。在运送石头的过程中，轨道车要经过一些弯道，于是艾伦们就打起了这处弯道的主意。艾伦回忆说：“车子来到拐弯的地方，战俘们故意加速推车，结果车厢翻下了轨道，把石头全都搞翻。战俘们只能把石头都卸下来，把车扶上正轨，然后再继续运送。(一条轨道每次只能运一辆车)，另一组战俘就在后头干等着，日本人催促他们去帮忙，他们总是能找出各种理由推脱。就这样，反反复复，把石头卸下来，把车子弄回到轨道上，再把石头装上车，再把车子推走。整整一个上午，我们都在不停地把翻倒出来的石头又重新装回车上，结果，一个上午只干了一趟活，很快半天就过去了。下午，同样的事情又发生在另外一组战俘身上。”两个小组之间达成了默契，如此配合着磨洋工，一天的时间只够干两趟活儿，上午一趟，下午

奉天战俘营里的扑克比赛

一趟。

新址战俘营往东不到500米，有一间吊车厂——高井铁工所，那里也是战俘劳役的地方。吊车上有一种硬橡胶，战俘偷偷把它弄进战俘营，做成杆，配上金属件，又从木材厂弄到一些木头结子，把它们削成一个个小烟袋锅，抛光修饰，组合在一起就是一个漂亮的烟斗。这些烟斗或送或卖给战俘营里的军官，因为在战俘营中香烟是极其缺乏的，这些烟斗就自然而然地派上了用场。“我就有3个这样的烟斗，我还有铸成的烟斗呢。”艾伦说。用从工厂里“偷”来的零部件制作小玩意儿，便成了战俘们进行自娱自乐、自我调节的好办法。

其实，在战俘营压抑、沉闷、漫长的拘禁岁月里，如何安顿自己，找到活着的意义，同样是战俘们要面对的挑战。幸存美军战俘艾伦说，他打发日子的办法就是靠打牌、赌博，他说：“我都快成了赌徒。但这是一种自我平衡的手段，不能整天坐在铺位上去想多么饿，多么想回家。有的时候赢，有的时候输，但是那也是一种快乐。赌资就是每月能领到的4圆日元

(当时约合美元2.6厘——作者注)，我们就用日圆来赌博，玩法是最简单的‘21点’。为了尽量避免让日本人看到，我们也是偷着玩，还要轮流派一个战俘放哨，要是让日本人逮到，是要被关小号的。”

幸存美军战俘艾伦回忆说，在战俘营的时候，的确有很多人的士气很低落。但是，有一位战友总会想法子说个笑话，即兴搞个聚会。他的嗓音很好，会唱歌，常为大家献上一曲。他是一个鼓舞士气的人，也因此在战后受到了嘉奖。

战俘们在制作小提琴等小玩意儿

美军战俘罗森道尔就属于那种情绪低落却又难以自我解脱的战俘。他说，在战场上并不知道自己会最终沦为战俘，没有任何思想准备。“我也没有想过他们会杀了我们，只是以为他们会把我们带到监狱或什么地方，或许用作交换，我当时是这么想的。”因此，罗森道尔的应对之策就是低调处世，远离人群，尽量少说话。“因为只有这样才能幸存。遇事尽量躲开，也许就没有人找你的麻烦。是战俘，你就是最小的指头，日本人不可能给你什么尊重。”但是麻烦有时候会自己找上门来，特别是在战俘营遭受日军毒打时，罗森道尔感到非常气馁，“我们在军中也没有得到过指示，应该如何面对日本人，也没有受到过教育，如何做战俘。我们都是无辜的羔羊。”

就是如此这般小心翼翼的罗森道尔，还是因为“莫须有”的原因被关进了的禁闭室。“每天把我们带到外面放风的时候，经常要遭到日本兵的毒打，抽你的耳光，打翻在地，他们就是喜欢把人打翻在地，让你感受到自己是多么的渺小。”当时，罗森道尔在满洲工作机械株式会社干了一个星期的活儿，就被开除了，然后被关进了战俘营里的禁闭室，关了整整一个星期。“他们说我搞破坏，为了惩罚，我就被关进了小号。后来，也不知是原因把我放出来了。从进到出都没做什么审判。不过实际上（我）确实搞破坏了。”

对于战俘们来说，与日本人进行的较量，有时也是智慧的较量。前文提到过日军让战俘们安装车床，这些从美国、英国、荷兰来的战俘，给日本人制造了大麻烦。在满洲工作机械株式会社，有 89 台美国人设计的崭新的最先进的车床，要将它们安装好，就得先在车间里挖坑，浇筑水泥地基。战俘们 50 人为一组，开始工作，一旁有日本兵监视。“天冷的时候，到了上午 10 点左右，日本人都聚集到厂房的一角，生火泡茶。”罗森道尔回忆说，这时候战俘们却干得十分起劲。原来，趁日本人泡茶之际，战俘们吊起一台新车床，直接扔进了坑里，然后干净利落地把水泥浇筑在上面。“为此我们挖了一个宽 5 英尺，深 5 英尺，长 50 英尺的大坑，满满地填充上混凝土，同时也把所有周围的东西都扔了进去。我们厂房里有一种可以移动的高架吊车，我们用它吊起机床、车床，然后把它们扔进去。”罗森道尔说。等日本兵回过神来，车床只剩下了 88 台。

安装完毕，这 88 台车床还是不能工作，因为，一些关键的零部件也都被战俘们埋进了坑里。“我们会趁着日本人在一旁喝茶的机会，干一些我们想要干的事。”战俘们撬开几个大箱子，把机床上面的零件偷下来，扔到混凝土里。“满洲工作机械株式会社的地基里面尽是这些零件。这些零件都是用在那些车床上的，还有小一点儿的车床、钻头、麻花钻、轴片……所有能够偷来的东西，都被我们扔到混凝土里了。”为此，东京特派了一名专家来工厂查看，专家气急败坏地喊道：“这是前所未见最严重的破坏事件！”

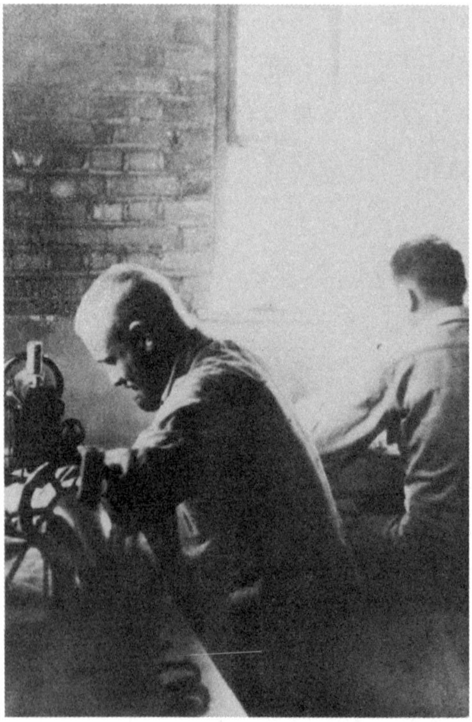
留守在战俘营营区内从事缝纫工的战俘

罗森道尔回忆说："不管怎么说，日本人根本没有什么证据，他们根本不知道我们把那些东西扔到里面去了。就这样，我也被告知'态度不好'。所以他们不让我在工厂里干活了。"后来，罗森道尔被留在战俘营做营区内务劳动，维修缝纫机，修鞋等杂活儿，日本人再也没有让他回到工厂去。"留在战俘营营区内干活的人还有那些做饭的、种地的人。"

美军战俘罗格凯特在满洲工作机械株式会社开机床。一次，日本人交给他两张图纸，要求他按照图纸加工部件。格罗凯特拿到图纸后发现，要加工的零件竟然是用在日本战斗机起落架上的一组齿轮。他不能忍受亲手加工的产品，被日本人拿去同自己的国家作战，于是他决定冒险搞破坏——把其中一张部件的图纸扔进炉子烧掉了。本来要求做的是左右两侧各64套起落架齿轮，结果他加工出来的全都是起落架右侧的齿轮。最终，这些齿轮全部报废，日本人对此也只是默不作声，因为他们自己似乎也忘了交给罗格凯特的图纸，究竟是一张还是两张。

美军战俘瓦特说，其实我更愿意去工厂劳动而不是待在战俘营，这样既可以暂时远离战俘营里那些凶残的日军看守，离开那个压抑的囚禁空间，到工厂还能接触一些中国人，如有机会还能参与干些捣乱破坏的事。“日本人以为只要把一箱子配件和任务给我们交代吩咐好，我们就会老老实实把机器组装好，这样的想法未免也太蠢了。”

瓦特和其他几个战俘被派去安装一台车床，车床的上半部分是可以来回移动的，有数吨重，下半部分有一个坚实的基座托住它。战俘们装模作样地把车床安装到位，可是当车床运转时，基座却倾斜了，车床运行起来十分勉强。瓦特说：“这当然是因为我们从中做了手脚。”

有时机床上的某组齿轮，莫名其妙地丢失了，日本人只得去找设计机床的美国人，照原样重做一组。就这样，来来回回，花去了一个多月的时间。“可是他们刚刚把这组齿轮搞好，却会发另外一组齿轮又不见了。”瓦特回忆说，工厂里有一个直径一米多的车床花盘，就因为总遇到这样的情况，一直都没能投入使用。“直到战俘营解放，我们离开工厂，那个东西还在那里搁着。要是在国内，要不了多久，我就能把它弄好。”

满洲工作机械株式会社生产了一款金切机床——从一端送入金属件，从另一端切削加工出所需数量的小部件。这款机床是仿照美国华纳公司（Warner and Swasey）的一款同类型的机床制造的，在当时算得上是世界领先水平。战俘们造出了35台金切机床，日本人想好好展示一番，为此，他们请来了将军

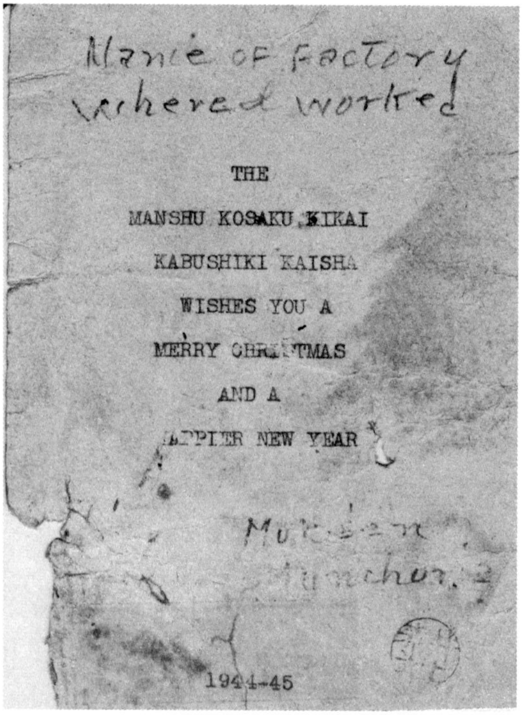

战俘维恩·米勒（战俘编号 1066）保存的当年 MKK 送给战俘们的 1944 — 1945 年的贺年卡："满洲工作机械株式会社祝你圣诞快乐、新年快乐"。米勒说之所以把这个卡片保留至今，是因为它确实给我带来了快乐的 1945 年——解放了

等各级要员前来参观。"等他们把机床启动的时候，机器突然冒出一股浓烟。日本人关了机器，哑口无言，无奈地把机器拉上拖车，拖走了。"瓦特说。

"满洲皮革株式会社"是专门生产制作皮革的工厂，生产出来的皮革用来制造日军的军用皮靴。战俘们当然不情愿自己生产出来的皮革，穿在日本人的脚上，便故意改变加工工序，导致生产出来的皮革十分单薄，不耐用。美军战俘迈瑞尔回忆说："当鞣制皮革进行到最后一道工序的时候，我们就故意多重复一次这道工序，结果这样鞣制出来的皮革薄得像一张纸，根本无法使用。"

美军战俘米德尔顿说，他有一位战友名叫莱利（Larry），曾经在日本人的"高井铁工所"里劳作。那里主要是生产龙门吊，一共有 20 名战俘，除了两人是绘图员以外，其他人大都是从事加工焊接等钣金工作。为了搞破坏又不被发现，战俘之间心有灵犀，相互配合。焊接工在焊接时，要保证把表面工作做得很好，焊缝看上去很漂亮，但是内在的焊接深度却达不到要求。接下来，负责涂油漆的人还要再把油漆涂得漂亮些，这样的产品看上去会让日本人非常满意，当然，使用起来结果如何？可想而知了。

除了战俘们在暗中所进行的斗争和较量，作为当时在战俘营里的最高军衔的英军战俘代表皮蒂少校也会不失时机地，与日本人的各种违法行径做正面斗争。对日军严重违反《日内瓦公约》等国际法的行为，例如利用战俘们从事与军事和军需产品相关的劳作的做法，他会义正言辞地与日军进行交涉和抗争，尽管交涉的结果总是一如既往地被日军无视，但皮蒂少校从未放弃作为战俘代表应尽的努力。他在日记中记录了一些抗议的细节：

1944年11月1日：因为上次与监视官争吵后气氛有所缓和，我就利用战俘在工厂生产飞机零件的事情向他递交了写给司令官的正式抗议，要求给他们安排其他工作，并指此事若司令官无法解决将会向更高当局交涉。

1944年11月3日：收到对我的抗议信的答复，大意是说日本不是《海牙公约》的签约国（此处当系日记作者之笔误，意指《日内瓦公约》。通常所说的关于战俘问题的《海牙公约》是指海牙第四公约，即《陆战法规和惯例公约》（1907年10月18日签署——作者注）。日本是其签署国之一，并于1911年12月

13日批准了该公约（除对第44条的内容“禁止交战一方强迫被占领地居民提供有关交战另一方及其防卫手段的情报”持保留意见），因此不受约束必须遵守国际法的相关规定。

1945年2月25日：我们得知在第三派遣所的战俘被要求生产钢盔，而且他们已经提出抗议。那些代言发声的人（包括皇家陆军卫生部队的阿尔诺特中士）遭到该所所长林少尉的殴打，并被调离了用钢板加工头盔的工序，被直接调到了生产板材的工序。林少尉说，他们应该不会知道这些板材是用来制造钢盔的，这样他们现在是在问心无愧的情况下工作的。日本人的心理是多么古怪呀：他们甚至欺骗自己。我也提出了抗议，收到的回复也一如既往。

1945年5月1日：我开始对在战俘营内的战俘进行调查，他们被派去给一些看上去像是50毫米迫击炮炮弹做除锈和保养工作。肱方少尉说拒绝此项工作的人可以被安排做其他工作，也不会为此受到处罚，他还说这只是一项临时任务，既然我提出了抗议，今后就不会再把这些东西拿到战俘营来做。

许许多多类似的破坏行动，在每个战俘劳役的工厂都时有发生，每个战俘都能说几段自己的“轶事”。当然，伴随着这些“恶作剧”，劳役工厂的生产效率和产品质量都难以保证，以至于日本人对盟军战俘的生产能力产生了怀疑。一份针对满洲工作机械株式会社的调查报告指出，1944年9月上半月的生产误差率为：中国人 3.5%、日本人 3.7%、战俘 7.5%；9月下半月的生产误差率为：中国人 4.0%、日本人 3.0%、战俘 7.0%，盟军战俘的生产误差率比日本人和中国人高出一倍多，日本人于是据此得出结论——盟军战俘的生产效率和生产能力十分低劣。

当时，被关押在奉天战俘营另一秘密处所的美军中将温莱特听说了这些故事后，曾经不无自豪地对人说起："在满洲，就在我们的士兵劳役的日本人的工厂，那里的地下埋着世界上数量最多的钳子、扳子和各种工具……那是我们的士兵冒着丢掉性命的危险，以日军战俘的身份给予日本人的有力回应。"

转　折

一个讲道理的国家是不会审判一个发出合理命令的战地指挥官的。

——温莱特

1944 年，在太平洋战场上，美军抛弃了逢岛必夺、遇城必摧的传统战术，主动绕过一些无足轻重的日军据守的岛屿，这种“跳岛”战术大获成功，美军节节胜利，日军则屡尝败绩，战势直逼日本本土。日军的抵抗愈发顽强，每一次取胜，美军都必须付出更沉重的代价。为了加强对日攻势，美军借鉴其在欧洲战场对德战略轰炸的经验，决定对日本也进行大规模战略轰炸，直接轰炸日本本土，并加大轰炸纵深，深入到伪满洲国等地，轰炸日军后方的运输设施、兵工厂、矿山等战略目标，目的在于摧毁日军的战争能力，震慑其战争意志。

轰炸任务由美国陆军航空兵第二十轰炸机航空队负责，使用当时最先进的 B–29“超级空中堡垒”轰炸机。1944 年 4 月，第一批 B–29 轰炸机进驻印度加尔各答美军基地，美军成立了第二十轰炸机指挥部，并在 4 月 24 日经过喜马拉雅山的驼峰航线，抵达中国四川成都的前进基地。

美军能成功实施对日本的战略轰炸，很大程度上得益于中国政府在成都专门为 B–29 修建了前进基地。所谓“战略轰炸”，不仅仅是袭击军事目标和重要设施，更重要的是针对和平居民的“无差别”攻击，其目的是为了摧毁对方国家进行战争的能力，同时使敌国政府和国民丧失继续进行战争的意志。世界战争史上，真正意义上的“战略轰炸”就始于中国战场，始于 1938 年日军开始的对以重庆、成都、昆明等重要城市为主要目标的持续空袭。

以血洗血，以牙还牙。美军为 B–29 重型轰炸机对日本本土的战略轰炸，制订了代号为“马特霍恩行动”的作战计划。为了保证“马特霍恩行动”的实施，中国政府决定实施以“特种工程”为代号的大规模机场建设工程，先后征调了成都、华阳、温江、郫县、崇庆、新津、双流、新都、邛崃、蒲江、大邑等 29 个县的民工共 50 余万人，在成都周边新建和扩建 4 个轰炸机场和 5 个驱逐机场。1944 年 1 月，新津、邛崃、彭山、广汉 4 个轰炸机机场的修建工程陆续动工。至 1944 年 5 月，4 个大型军用机场及其配套设施机库、燃料库、弹药库、无线电通讯所、导航台、指挥所、兵营宿舍如期建成。

1944 年 6 月 15 日，首次执行“马特霍恩行动”的 73 架 B–29 轰炸机从成都各机场起飞，开始实施对日战略轰炸。到 1944 年底，从成都附近各机场起飞的 B–29 轰炸机，对日本本土及其占领地共投下炸弹 3623 吨。盟军对日本的战略轰炸一直持续到战争结束，沉重地打击了日本的军事实力和士气。对日战略轰炸的第一步就是从成都迈出的，这是中国为世界反法西斯战争做出的重要贡献之一。

战略轰炸

在伪满洲国，美军战略轰炸的主要目标是日本人控制的矿山、军工厂和铁路、港口等运输枢纽设施，其中位于鞍山的“昭和制钢所”、位于沈阳的“奉天造兵所”“满洲飞机制造厂”以及位于本溪的“本溪钢铁厂”等地都是轰炸目标中的重中之重，有些目标还被多次轰炸。

“昭和制钢所”于1944年7月29日、9月8日、9月26日3次遭受大规模轰炸，受到不同程度破坏。仅是在7月29日的首次轰炸中，“昭和制钢所”就被95枚炸弹命中，其中炼焦炉、烧结炉等设施遭到严重破坏，约100人被炸死，炸伤

1944年7月29日，B-29轰炸，“昭和制钢所”

约 170 人，产量锐减约 30 万吨。根据日本人的评估，轰炸后，要修复损毁设施修复、恢复产量，至少需要一个月的时间。

1944 年入冬后，日军占领下的奉天城，防空警报响个不停。饱受亡国之苦的中国百姓则终日在惶恐中度过。为了迷惑美军的空袭，日本人还时常在城中点燃烟火，企图用烟雾阻挡空袭。1944 年 12 月 7 日，“珍珠港事件”爆发三周年。美国第二十轰炸机航空队共出动了 108 架 B–29 飞机，从中国成都起飞，执行轰炸奉天日本军事目标的任务。轰炸机群尚未抵达奉天上空，日军的预警雷达已经侦测到敌情，日军在奉天城区周边特别是重要的战略目标如兵工厂、军火库等四周大面积地燃放起烟雾。对此，曾直接参与了此次轰炸的美军沃特·哈斯（Walt Huss，战俘编号：1887）回忆说，其实日本人的这个做法不但起不到任何阻碍空袭的作用，反倒让在高空的轰炸机更能一眼识别出轰炸目标所在的区域。

电台的播音员，声嘶力竭地叫喊着空袭即将到来，凄厉的警报声响彻奉天上空。分设在奉天周边的日军机场，严阵以待，准备随时升空拦截美军轰炸机。上午 10 时许，浩浩荡荡的美军轰炸机群，黑压压地出现在西南方的天际，直扑奉天而来。按照计划，这次有 80 架飞机参与轰炸主目标——“奉天造兵所”“满洲飞机制造厂”，10 架飞机轰炸一处铁路货场，另外一些飞机则轰炸火车站里的临时货场。

由于 B–29 的飞行高度较高，日军的地面防空炮火根本无

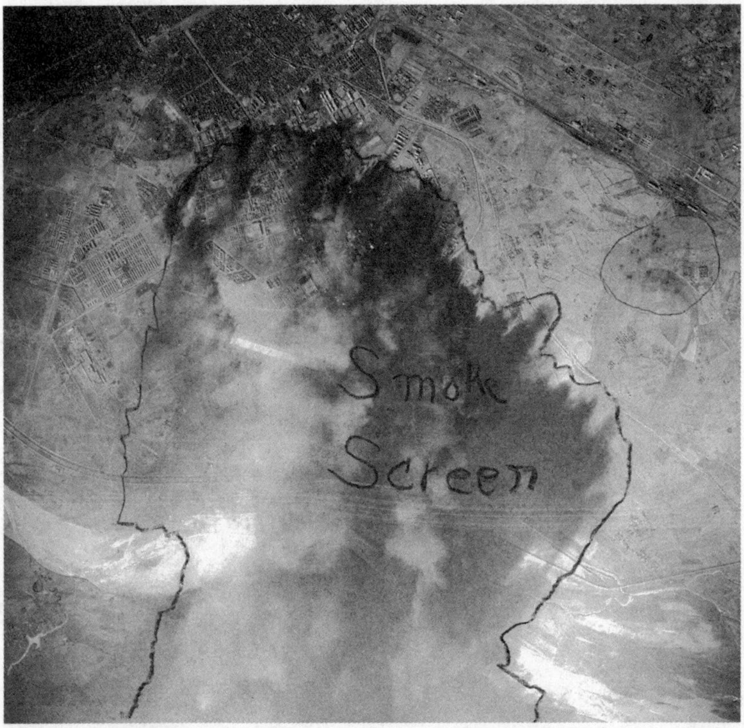

1944年12月7日，日军在许多重要军事目标周边释放烟幕，试图迷惑和阻止B–29的轰炸

力阻拦，据许多当年目睹和经历过那次空袭的老奉天人回忆，当时日军的地面炮火根本打不着B–29，炮弹打到了半空中，就在B–29的下方远远地开花冒烟，对美军轰炸机根本构不成任何威胁。事实上，自美军投入B–29进行战略轰炸以来，不仅日军的地面防空炮火毫无威胁，就连升空作战的日军战斗机也无济于事。可以说，B–29所到之处如入无人之境，几乎可以为所欲为地进行轰炸。直到1944年8月20日，从中国成都起飞的72架B–29机群，在轰炸日本八幡港的行动中，首次遭到日本空军战斗机"自杀式"攻击，造成了14架B–29被击落、8架受损。从此，"自杀式"攻击成了日军应对B–29的杀手锏，日军甚至还专门组建了自杀战斗机编队。

12月7日，截获空袭警报的日军，先后出动了50架战斗机，从奉天周边的奉集、于洪等地机场升空，对美国空军的轰炸机进行了疯狂的自杀式拦截和打击。那些灵巧的日军战斗机，在B–29轰炸机的编队中窜来窜去，不断骚扰，虽然美

日军战斗机（远端）升空进行空中拦截

军轰炸机也进行了猛烈的火力反击，但仅7日当天，就先后有7架美军B–29轰炸机被日军战斗机撞落。根据考证，美军轰炸机先后坠毁在奉天的苏家屯区的永乐村、于洪区的永安桥村、于洪区的杨士堡村、台安县的小于家窝辅材等地。为了炫耀战绩，日军还曾经在奉天城内公园里，展出了被击落的美军B–29轰炸机的发动机残骸。

根据记载，名为“飞鹅”的第42–6390号飞机是第一架被日军撞落在奉天的B–29轰炸机。机上尾部机枪手阿诺德·波谱是11名机组人员中唯一的幸存者。坠机前，波谱跳伞逃生，后被日军俘虏，其余10人都在奉天牺牲。当时，42–24486号B–29轰炸机“风暴之城II”正在“飞鹅”附近，机上人员之一、参谋中士威廉·伍顿在记述当时的空战情景时说：“日军的战斗机当时从下方向我们冲过来，在距离我还有400码远的时候，我立即开火向它射击，日军战斗机的发动机开始冒烟起火，飞机篷罩的碎片开始脱落。敌机已经失控并冒着浓烟向下坠落，但是它突然向上拉起，并重重撞向‘飞鹅’，把‘飞鹅’的水平和垂直平稳器撞掉。‘飞鹅’坠向地面，当时我看到空中只有一个降落伞。”

名为“大黄蜂”的42–6299号轰炸机在空中与日军的战斗机相撞，坠落在奉天郊外的一处空地，机上有2名美军跳伞逃生，另外2人被弹出飞机后失去知觉，没能打开降落伞，坠亡，其余机组人员全部牺牲。飞机坠毁后燃起熊熊大火，没有

水泥基座上摆放的是被击落的美军B–29轰炸机的发动机，这是日本人在奉天一处公园内展示的“战果”。照片拍摄于沈阳解放后的1946年3月，旁边站立者为苏联红军士兵

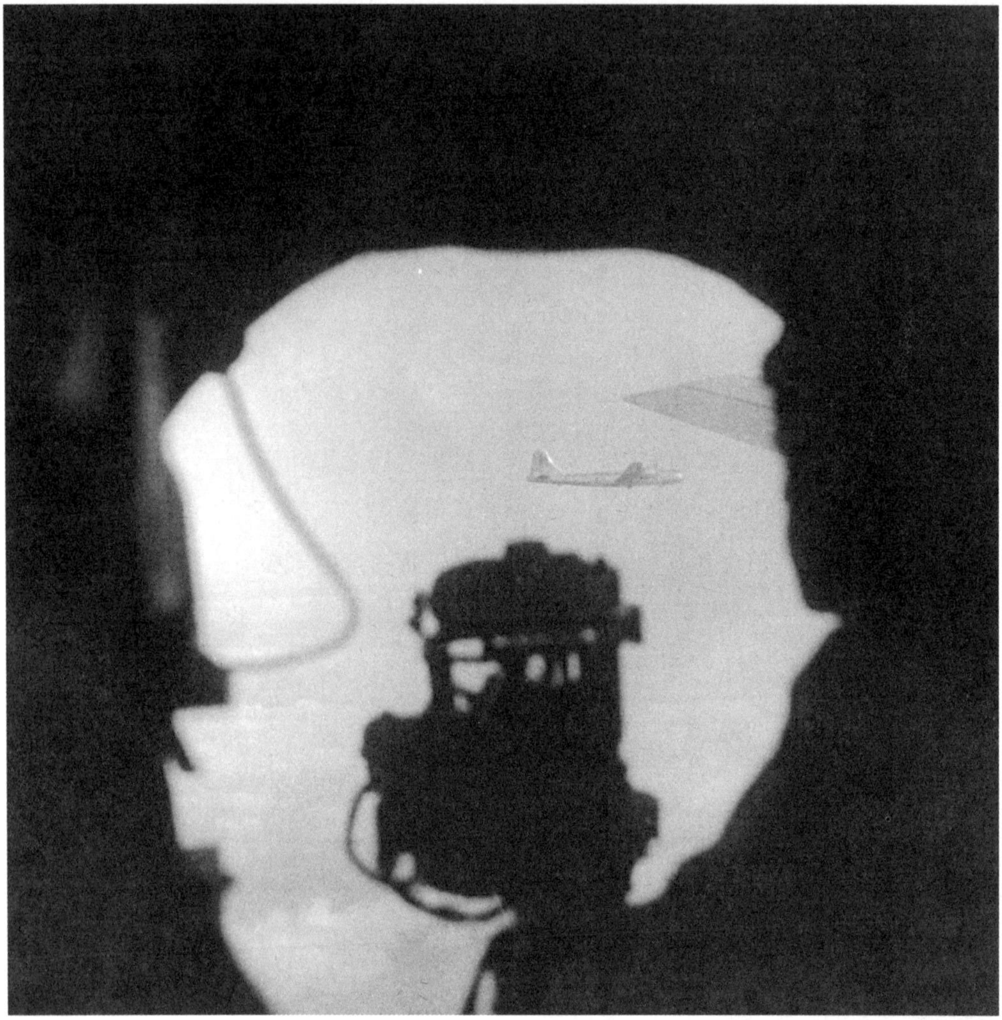

B-29 轰炸机上的机枪手在执行警戒

留下一具完整的尸体，仅残留下一些烧焦的骨头。

12 月 21 日，名为“疆场老手”的 42–24175 号轰炸机同编队一起从成都起飞，经渤海湾上空进入日军占领下的奉天领空。临近奉天还没有接近轰炸目标时，飞机就被日军的战斗机拦腰撞上，然后完全失去了控制，在空中开始解体，径直向地面俯冲下去，坠毁在奉天杨士屯的一个冰封的大水坑中，机身立刻燃起大火，机上携带的没有来得及投出的炸弹也接二连三地爆炸了。一时间，天上散落的飞机碎片和炸弹崩起的冻土块，雨点般落了下来。杨士屯村里许多人家的房屋窗户都被震坏，还有的房顶被飞落的土块砸漏，不过值得庆幸的是，飞机在降落过程中，尽最大可能避开了村子，没有造成村民的人身伤害。撞击“疆场老手”的日军战斗机也坠毁在附近的余量村，日军飞行员西院少尉同机摔死。

“疆场老手”上共有11名机组人员，坠机时，只有报务员阿尔伯特·爱德华兹一人在空中被弹了出来，其余的机组人员全部葬身火海，连一具完整的尸体都没有。战后，在坠机现场只零星地挖出了一些焦骨和飞机残骸碎片，被分装在3个棺材里，安葬在美国阿灵顿国家公墓。由于空中高度高，空气稀薄，爱德华兹刚一弹出机舱，就失去了知觉。幸运的是，他的降落伞张开了，他被送到了浑河北岸南李官堡的一片荒地里，这里距离坠机地点约1.5公里。

据爱德华兹回忆，落地后不久，他就苏醒过来，随后，被匆匆赶来的日军包围起来。一个日军示意爱德华兹把手上的戒指摘下来，遭到了爱德华兹的拒绝。这时，日军举起匕首作势要砍断他的手指，爱德华兹只好交出戒指，这是他心爱的高中毕业纪念戒指。随后，日军用黑布条蒙上他的眼睛，把他的手反绑起来，押上卡车，关进了监狱，并于1945年3月转押到奉天战俘营，直到1945年8月15日，日本投降，才同所有的在押盟军战俘一道获得解放。

美国第二十陆军航空队58轰炸联队462轰炸大队770轻炸小队，也驾着名为“密苏里女王”的42–6359号轰炸机，加入了12月7日的轰炸行动。顺利完成投弹任务后，“密苏里女王”返回基地，途中，机长约翰逊上尉用无线电报告说：“飞机燃料已经不足，将寻找一个友军的机场降落补充燃料”，然而，这竟成了最后一次通话，从此它便与地面和编队失去了联系。据称，它在北纬 36 度 07 分，东经 112 度 39 分（大约在山西省沁源山区）坠毁，包括约翰逊机长在内的 11 名机组人员至今仍下落不明，目前仍列在美军失踪人员名单之中。

名为“夜猫子”的 42–6389 号轰炸机在 12 月 7 日的轰炸目标是“满洲飞机制造厂”。它也顺利地完成了轰炸任务，并

1944 年 12 月 6 日，美国陆军第二十轰炸机航空队 468 轰炸大队艾德芒森中尉在美军昆明基地介绍向飞行机组人员讲解轰炸任务，黑板上列出的信息有飞行路线、空中集结点、日军地面炮火、轰炸目标等

B-29 机组人员执行轰炸任务前的合影。该组人员除一人（前排矮个子者）因故未参加行动和一人（爱德华兹，战俘编号：1885，前排右四）跳伞逃生外，其余人员都在执行轰炸任务中牺牲

开始返航。途中，飞行编队队长命令“夜猫子”机长莱恩斯降低高度，躲避前方云团，收到命令之后，飞机开始降低高度，当机身进入云团后，莱恩斯发现机翼迅速结冰，他立即决定提升高度冲出云团。然而，此时“夜猫子”已经同编队失去了联系，虽然基地连续不断地呼叫了一个小时，“夜猫子”仍然音信全无，最终“夜猫子”失事坠毁，机上 11 名机组人员全部遇难。

名为“双程票”的 42-6262 号轰炸机完成了投弹任务后，坠毁于东经 120.4 度，北纬 39.55 度，这是辽宁西部沿海区域，以巴恩斯为机长的 11 名机组成员全部遇难。日军清理走了飞机的残骸，却把机组人员的遗骸丢弃在失事现场。当中国村民发现这些美军遗骸后，他们挖了一个大坟墓，把这些人集体掩埋起来，使得这些遗骸在战后仍能完好地被辨认出来。

在 12 月 7 日、21 日两次轰炸行动中，美国空军共损失 B-29 轰炸机 9 架，牺牲 85 人，被俘 14 人。英勇的美国空军将士在奉天，献出了热血与青春。

1944年12月21日轰炸行动中坠毁的“疆场老手”上，搭载着两位新手父亲——投弹手沃伦·德里和飞行员查里斯·本尼迪克特。当他们在万里之遥的中国战场英勇作战的时候，他们的女儿同年在美国出生了，但两人最终埋骨沙场，谁都没能见上新生的女儿一面。后来，两人的战友、“疆场老手”上的唯一幸存者爱德华兹，在给自己的一双儿女取名字的时候，分别使用了两个失去了父亲的女孩的名字，借此缅怀牺牲的战友。“疆场老手”整个机组人员（11人）中，就只留下了这4个后代。

查里斯·柯鲁格是“大黄蜂”上的一等上尉机械师，1944年12月7日在奉天牺牲。柯鲁格前往海外作战后不久，他的一对双胞胎儿子也在美国出生了，但是，儿子们也没能与父亲见上一面。如今，柯鲁格的妻子年事已高，2006年前后，作者因为研究需要访问了她，她说希望在有生之年，能够来沈阳走走，看看丈夫当年战斗过并为之牺牲的地方。

血洒奉天

随着战争形势的进一步恶化，日军发布了一份有关在危急时刻战俘处理的文件。1944年9月1日，陆军省次官发给相关部门的训令“陆亚密电第1633号”是这样写的：

随着形势激变，关于战俘及军拘留者之管理依据左记（方针）处理。

左记

一、为防止战俘及军拘留者落入敌手，应适应实际调整战俘营及军拘留者集中营的位置选定、移动的时机和方法。

二、受到敌人攻击，在不得已的情况下，可以解放其军拘留者和战俘。

三、对于战俘等在自卫上不得已时（依据战俘管理规则第六条），可以采取非常措施，但需要防止以此给予敌人增强敌忾、被宣传所利用以及敌人采取报复手段的口实。

电文的接收单位有南方军总司令部、中国派遣军总司令部以及香港、台湾的日军守军。何为电文中所提的“非常措施”？我们不得而知，但果如日军所料，在美对日实施战略轰炸后，战俘们的处境变得更加艰险、复杂。

1944年12月7日的空袭轰炸，致使日军在奉天的多处战略设施和军事目标遭到打击，其中作为重点目标的“奉天造兵所”和“满洲飞机制造公司”，损失惨重。“奉天造兵所”几乎被彻底摧毁，直至战争结束也没能恢复正常生产。但是，也就是在这次轰炸中，位于“奉天造兵所”以北约1公里远的奉天战俘营也遭到误炸，3 枚炸弹落在战俘营内，造成重大人员伤亡。

英军战俘皮蒂少校在日记中记录了轰炸当天及以后几天，战俘营内的惨烈场景，通过日记，我们还能看到盟军战俘在危难之际所展现出的军人风骨和坚强意志，其坚不可摧的精神斗志恰是日军最难以战胜的。

1944 年 12 月 7 日：上午 9 点 10 分，“黄色”防空警报，9 点 50 分，“红色”警报，紧随这一时刻，附近地区就遭到一波密集轰炸，十分有效地轰炸了战俘营以南约 1 公里远处的一家轻武器弹药工厂（该工厂为“奉天造兵所”，生产高射炮和高炮炮弹——作者注）。（我估计有 12 发炸弹轰炸了该工厂，不管怎么说，它被彻底摧毁了。）这一波轰炸过后，我们尽最大努力地大范围散开，在操场卧倒。第二波 B–29 轰炸又来了，有两枚炸弹落到战俘营，其中一枚击中二号营房的厕所，引起大火，但是并没有爆炸。另外一枚爆炸了，不偏不倚正中我们在操场上的人群，造成 54 人死伤，其中有 16 人是当场身亡。战俘营只有一副担架，不过我们拆下球门柱等东西，用大衣拼凑成担架把伤员运送到医院，而且趁下一波轰炸还没到来之前把他们都送到了医院。皇家陆军炮兵团的一名炮手斯阁尔是唯一当场被炸死亡的英国人。皇家兵团的顾比中士、二等兵查普曼和二等兵珉舒尔伤势严重。皇家陆军军需部队的翰森上士、澳大利

被误炸的战俘营厕所一角。图片中可见被炸塌的厕所围墙是用木板临时修复的

亚皇家部队的克兰西下士、皇家兵团的芬尼下士、澳大利亚皇家部队的二等兵安斯蒂斯、皇家兵团的二等兵达克沃斯和狄根森受轻伤。爆炸一发生就已经找不到日本人，我们就在整个操场上挖散兵坑掩体，此前曾禁止我们这样做。皇家陆军卫生部队的拉塞尔中士出色地指挥抬担架的人把那些伤员送到医院，皇家陆军卫生部队的二等兵沃翰虽然已经耳聋，心脏衰弱得勉强能撑住身体，但依然迅速赶到医院投入工作。表现出优秀的

纪律性。

1944年12月8日：所有的人还在挖散兵坑，但是下午，去工厂劳作的人还是被派往工厂。到黄昏，我们挖了总计335米的坑壕，足够全体战俘营人员使用……估计大概出现了83架飞机，分7个波次进行轰炸。我看到一架日本战斗机攻击一架B–29，战斗机飞行员跳伞，随后不久，有5个降落伞跳离B–29。

1944年12月9日：二等兵查普曼的腿几乎被炸弹炸断，当天就做了截肢。他很幸运是第一个被送到医院的人，得以注射了唯有的一针抗气性坏疽血清。敏塞尔中士的左臂也在昨天做了截肢。可他们乐观的状态令人惊奇——竟然还拿"飞翼"和"矬株"相互取笑对方（"飞翼"和"矬株"是他们互相取的外号——作者注）。曾经试图能够保住顾比中士的短腿，但是已出现气性坏组，今天不得不截肢了。昨天又有两人伤重不治死亡，死亡人数上升到18人。我们估计顾比中士也是凶多吉少，因为气性坏疽的情况十分严重。所有的水电都停了，直到昨天还没有恢复，所以我们重又使用井水。日本人的应急照明办法是，整个战俘营只点5支蜡烛。布里楠医生有一包在新加坡时买的蜡烛藏匿至今，正是借助这些蜡烛，他们才能在轰炸当晚给伤员做手术，一直持续到凌晨1点钟，直到所有的蜡烛燃尽，再也无法继续手术为止。因为营房的玻璃都震碎了，我们不顾有没有批准，把所有的俄式火炉都烧上了，日本人对此十分不快，可是我们也顾不上这些了。

1944年12月10日：星期日——工厂假日。我们利用这天继续多挖散兵坑掩体……进行了一次防空演习测试，结果表明我们挖的掩体足够用……顾比中士晚7点15分死亡。

1944年12月12日：我提出要在葬礼上为顾比和思科尔的遗体覆盖英国国旗，并用军号吹奏《最后一班岗》(《最后一班岗》：又译做《最后岗位》，原是英国陆军军营里使用的号令，表明军官已经结束对营区和各个哨位以及营房的巡视，当日任务结束。因此，此号令是当日的最后一个军号号令，后演变为在英军军人葬礼上吹奏的号令，表明死者已经完成使命，冀望借此向死者做诀别并致安息——作者注。）后者得到了许可，但是前者被拒绝了。

1944年12月13日：伤亡总人数54人，19人死亡，35人受伤。中午前，又出现一架单机，遭到防空炮火攻击，但是它实际上并没有投弹。日本人提供了制定和保管遗嘱的设施。每个人获准写一封10字长的电文，如果司令官特许还会长一些，这次的传播范围还会扩大到包括北部和南部非洲、加拿大、澳大利亚、新西兰、印度和英国。今天，所有受伤者和军官被要求就空袭事件写一份声明，我们估计是要对位于中国基地的美国空军进行广播。”

1944年12月18日：司令官就空袭事件做了训话，他说日本的情报机构证实对战俘营的轰炸完全是故意为之，其中轰炸到战俘营营房的那枚炸弹是摧毁型炸弹，而投在操场上的则是杀伤型炸弹。但是他并没有试图解释为什么飞机那么友好地只投给我们两枚炸弹，而把大多数炸弹都投给了军火工厂。

美军战俘罗森道尔已经不记得当天有没有去“满洲工作机械株式会社”劳动，他回忆说：“那天可能没有去，要不然战俘营里不会有那么多的人伤亡。当轰炸机出现在天边，就径直飞到了战俘营的上空，开始轰炸。战俘们都跑到了操场上分散开来，但是因为事先毫无准备，也没有掩体，战俘们就地分散开。一共有 3 枚炸弹击中了战俘营。其中 1 枚落到了西侧的围墙处。还有 1 枚落到了 2 号营房旁边的厕所。落到厕所的炸弹是一枚磷弹，没有爆炸，落下来后就待在那里。我们去厕所的时候，水面上像是有火。水面上的磷就像是金子一样。”

罗森道尔说：“这次轰炸我们伤亡了很多人，不记得确切的人数了。有人掉了胳膊，有人缺了腿，有的人头被击中了。有很多人受伤。”罗森道尔和战俘们一道，跑到日本人那里找来了锹镐，开始在操场上挖掩体，以防再次空袭时，无处躲避。“那次轰炸中美国人损失了飞机。日本人的炮火直接击中了轰炸机。飞机马上就爆炸了，所有的炮弹连同飞机一起爆炸了。这次轰炸中我记得最清的一件事，就是看到飞机爆炸后，4 个发动机带着浓烟从天而降。只有发动机，没有降落伞，飞机上所有的人都在爆炸的时候死了。”

战后，在密苏里州圣路易斯的一个高尔夫球场，罗森道尔遇到一个球友，竟然是当年轰炸奉天的B–29轰炸机的一名飞行员。罗森道尔跟这名飞行员说起战俘营伤亡的事，飞行员回应说："我们没有炸你们，在我们的地图上那里标注的是飞机制造工厂的组装仓房。不过，当时一个轰炸机的弹药舱被卡住了，有的炸弹被卡在了里面。一个中士下到弹药舱里，用脚去踹弹药。很显然，就是这些炸弹掉到了战俘营。"

幸存美军战俘艾伦回忆说："我记得可能有100多架飞机，编成编队飞来了。100架飞机在头顶上同时发出同一种轰鸣声，十分震撼，不用轰炸就足以把日本人震慑了。……空袭中轰炸了日本人的飞机制造厂，把目标工厂炸得很惨，损失惨重。所以日本人来到满洲工作机械株式会社，专门腾挪出一个车间，把飞机制造厂正在造的飞机转移到这里。日本人命令战俘去造飞机，遭到了一些战俘的拒绝。"拒绝造飞机的战俘被带回了战俘营，关进了禁闭室。"我是说战俘营里的禁闭室，他们已经是战俘了，仍然被关进了禁闭室。"艾伦说，完全能够理解他们为什么拒绝，"他们在想，我们造出飞机，然后这些飞机用来屠杀我的兄弟，我的父兄，我的姐妹……"

幸存美军战俘瓦特回忆说："空袭发生的时候，地表已经上冻，许多人当场就被炸死。爆炸把战俘营的玻璃都炸碎了，一片混乱。连日本人也不知道该怎么办。战俘营仿佛被战俘们接管了一样，受伤的战俘被送进医院，战俘军医和卫生兵们忙

1944 年 12 月 7 日，美国陆军第 20 轰炸机航空队 444 轰炸机大队 678 轰炸机中队机组人员出征前在位于中国前进基地成都机场的绰号“21 点儿”(Black Jack) 的 42–6292 号 B–29 前留影。机身上的“骆驼”标志的数量代表该机往返飞越驼峰航线的次数，“炸弹”标志记录的是其曾经执行过的轰炸任务的次数。机组成员、前顶炮塔机枪手克劳德 · 肯德尔中士（前排左三）因在执行轰炸行动中击落两架日军战斗机而获得表彰

碌着，日本人只是在一旁呆呆地看着。被砸到的厕所着了火，我们一起把火扑灭了。我们只能自己照顾自己了，要是房屋都炸没了，我们同样也麻烦了。”

奉天战俘营里的战俘，不仅经历过战火的洗礼，更是在日军的凌虐下历尽生死的考验。对他们而言，这样一起突如其来的血腥轰炸，带来的不仅是伤痛，他们还从中嗅出了一线希望正在悄然降临。“在战俘营里，我们不知道外面战事的发展，不过 B–29 已经能够来到‘满洲’轰炸，这足以让我们察觉到一点儿外面的风声。”虽然，在这次空袭中死伤了众多战友，但是战俘们的意志不仅没有遭受任何动摇，反而展现出一种乐观、幽默、向上的士气。

美军战俘艾伦见到一位受伤的战俘在空袭中失去了右臂，很伤心地安慰他。可是，那位战俘不但一句怨言也没有，还风趣地对艾伦说："没关系，刚好我是个左撇子。"

轰炸突然发生，当大多数战俘惊慌失措、四处躲避时，也有人镇定自若、异常从容。有的战俘躺在地上，仰面朝天，一本正经地给身旁的伙伴分析和讲解天上飞机的数量和编队，完全忘记了自己正身处险境，被俘前，他大概是一名飞行员，这会儿仿佛重又飞上了蓝天。艾伦说："日本人不喜欢我们的B–29轰炸机，可是我们却对它喊到'尽情炸吧，欢迎再来！'"

1944年12月21日，美国陆军航空兵第20轰炸机航空队再度从成都前进基地派出轰炸机，对奉天实施轰炸，不过这次空袭对战俘营未造成影响。皮蒂少校在当日的日记中写道：

上午10点，空袭警报预警。工厂劳作人员立即都被带回战俘营，这是很明智的做法，因为到了10点20分，警报就升级到"红色"级别，10点30分，飞机已经来在头顶。来了4个波次的飞机，每波次10、9、10、10架飞机，到了中午警报解除。我看到有一架飞机在空中爆炸——景象蔚为悲壮——其他人还看到日本人的战斗机遇到了麻烦。轰炸离我们不是很近，没有带来太大担忧，尤其是因为我们这次是在实际警报之前就都已经进入了散兵坑掩体，从声音上判断，空袭达到了其预期目的。

在 1944 年 12 月 7 日和 21 日进行的这两次空袭行动中，丧心病狂的日军为了阻止美军飞机的轰炸，在防空火炮无力还击的情况下，采取了自杀性的拦截手段，利用战斗机撞击美军轰炸机达到同归于尽的手段，先后撞落了 6 架美军 B–29 轰炸机，另有 3 架 B–29 轰炸机因故坠毁。这些美军轰炸机上的机组人员除了有 14 人跳伞生还并被日军俘虏外，其余 85 人全部血洒奉天，献出了年轻的生命。

被日军俘虏的 85 名美军 B–29 机组人员，生死未卜，因为日军对这些人是否应该被当做战俘，存有异议。日本人的逻辑是：只有在前线面对面交战中的被俘人员才具有战俘身份。由于战略轰炸的目标是大后方的平民区域，被俘机组人员所执行的“无差别”轰炸行为，应当被看作刑事犯罪。日本人要求这些人签署声明，承认其行为是不加区分地对平民进行轰炸和伤害，由此拒绝承认这些人员具有战俘身份。

1942 年 8 月 13 日，日军以中国派遣军总司令的名义发布中国派遣军军律第四号——《敌航空机组人员处罚军律》，以恐吓伤害普通平民、破坏非军事目标等行为为由，规定对敌方航空机组人员可判处有期徒刑（80 年）、无期徒刑和死刑（枪决）等刑罚，并规定该军律适用范围关涉日本本土、“满洲”及中国派遣军的作战区域。

幸运的是，在奉天被俘的 B–29 机组人员未被处以枪决，但是他们依然没有被以普通战俘的身份关押在战俘营，而是单

被俘的 14 名 B–29 轰炸机机组人员

独关押在距离奉天战俘营以东约 800 米处的一个封闭的庭院内，这个做法倒也符合日本人自己的管理体制。在日军的管理体制中，还另有一种军人拘留所的设置，主要是作为对战地的一般拘留人员进行收容管理的机关，与上述的俘虏收容所（战俘营）处于同一指挥系统，军人拘留所所长在许多场合下由附近的俘虏收容所所长兼任。

美国陆军航空兵第 42–24175“疆场老手”B–29 轰炸机坠毁后唯一的幸存者爱德华兹（战俘编号：1885）回忆说，在他跳伞落地后不久，便被匆匆赶来的日军俘虏。日本士兵用黑布条蒙上他的眼睛，把他的手反绑起来，押上卡车，关进了监狱，并于 1945 年 3 月同其他 13 名幸存机组人员转到距离战俘营东侧不远处单独秘密关押。因为转移时日军总是用黑布蒙着他们的眼睛，爱德华兹也不知道自己是在什么地方。就连在日军制作的奉天战俘营战俘名册上，这些人只是被列出了俘虏编号，相关的其他信息如姓名、军衔、所属单位等都被一一隐去。

14名美军B–29机组人员被秘密关押在战俘营不远处的一个毫不起眼的院子里，院子的北边隔着一条马路就是“高井铁工所”。但是在“高井铁工所”里劳动的盟军战俘对此一无所知。皮蒂少校在日记里写道：

1945年3月28日：今天从战俘营里送出14人份的伙食，而且日本人要求我们为他们捐献叉子和羹匙，这些人显然就关押在附近，因为食物是做熟以后拿出去的。鉴于他们什么食物都没有，我想他们可能是被俘的飞行员。

为了证实皮蒂少校的猜测，被派去送食物的战俘决定想个办法一探究竟。幸存美军飞行员战俘沃特·哈斯回忆说：“一天，被秘密关押的飞行员战俘在饭里发现了一个纸条，上面写着‘你们是谁?’饭是从战俘营送来的。并告诉说，用来盛汤的桶有一个空心手柄，里面藏有纸和一支铅笔。”从此，这14名被秘密关押的美军飞行员战俘就这样与战俘营里的战俘建立起了联系。

将军云集

太平洋战争中，日军共俘虏准将以上军衔的盟军高级将领

1943年8月11日，日军台湾俘虏收容所司令官与盟军高官战俘座谈会后合影。前排:（从左至右）英军中将帕西瓦尔、日军战俘营司令官左泽秀雄、美军中将温莱特。中排:（从左至右）英军（退役）少将麦克雷、荷兰少将范利斯、苏门答腊总督思皮茨、荷军中将塔尔珀顿，美军少将爱德华·金、英军中将希思、荷属东印度总督斯塔夏麦尔。第三排:（从左至右）英属北婆罗洲总督史密斯、香港总督杨慕琦、英属海峡殖民地大法官麦克艾尔文、马来联邦和英属海峡殖民地总督汤姆斯、马来联邦大法官杜鲁蒂、美军少将摩尔

76人，其中中将4人，少将23人，准将49人。他们当中美军19人，英军41人，澳大利亚4人，荷兰12人。伴随着战局的变化，这些将军战俘被不断变换羁押地点，从马尼拉到台湾再到奉天，每一次转移的时机与路线，都与战场形势有着紧密的内在联系。

太平洋战争初期，日军不可一世的进攻势头锐不可当，它通过对美英在太平洋和东南亚地区的海空军基地实施突然袭击，夺取了制海、制空权，从而为其进军太平洋和东南亚地区扫清了障碍。虽然日军的偷袭频频得手，但这种胜利只是暂时的。当它把此前一直游离于战争之外的美国拉入战场的时候，无疑是给自己找来了一个不可能战胜的对手。

像太平洋战争这种大规模的战争归根结底是一场国力的较量，从经济实力看，日美两国的差距实在太大：日本的钢铁生产能力只是美国的1/20，飞机制造能力约为美国的1/10，即使是日本人引以为傲的造船能力也仅相当于美国的1/3。1942年，美国的经济开始转上战时轨道，按照罗斯福的要求，共生产出4.5万架飞机、4.5万辆坦克和800万吨船舶。仅凭这些数字对比的结果看，日本的失败大概只是一个时间问题。

不过，日本人手中握有的几十名盟军高级将领战俘，不失为一副意味深长的筹码。像温莱特将军，作为美军历史上被俘人员中级别最高的一位将领，被日军视为“大东亚战争”胜利的“密藏闺阁中的宝贝”。日军将温莱特等人的手记，编辑成《大东亚战争——战俘手记》（大东亚文化研究所，1944），出版发行，借此宣传日本发动战争的“显赫战功”。

1942年下半年，战场形势发生重大变化，太平洋战争进入第二个阶段：日军的进攻态势受阻，盟军顽强抵抗，并取得初步成效。8月11日凌晨3时许，日军突然开始对塔尔拉克战俘营里的所有军官战俘实施转运，启程撤离菲律宾。14日，战俘们搭乘的日本船只“长良丸”到达台湾高雄港。次日他们换乘“小谷丸”，于第二天（16日）抵达花莲战俘营。因为美国将军战俘的到来，日本人特意在当地放假一天，命令全城的人到街上观看被俘的美国将军。

事实上，此次将军战俘的迁移行动，与太平洋战场上的军

1942 年 8 月，部分被俘美国将军战俘在日军菲律宾塔尔拉克战俘营。（前排由左至右）摩尔少将、爱德华金少将、温莱特中将、（日）伊藤少校、（日）小村中尉、帕克少将、琼斯准将。（后排由左至右）日军翻译（姓名不详）、罗弗准将、方克准将、威沃尔准将、布罗弗准将、毕比准将、布鲁梅尔准将、德雷克准将、麦克布莱德、皮尔斯准将、霍夫曼准将、日军二人（姓名不详）

事格局发生的变化不无关联。首先，6 月初，美日海空军在中途岛交手，结果日方损失 4 艘重型航空母舰、1 艘重型巡洋舰和 250 架飞机，美方仅损失 1 艘重型航空母舰、1 艘驱逐舰和 150 架飞机，取得了太平洋战争爆发以来的首次胜利，大挫日军锋芒。其次，自 8 月起，美日又为争夺瓜达尔卡纳尔岛展开了一场大血战，双方都志在必得，投入大量的兵力。其间共在岛上进行 3 次较量，海上进行 6 次大规模交锋，日本海军屡遭重创，空军则损失飞机 892 架，飞行员死亡 2362 人，造成不可弥补的损失。

由于制空权的丧失和海上运输线被切断，孤立无援的日军最终于 1943 年 2 月上旬狼狈撤离瓜岛。美军争夺瓜岛的成功彻底扭转战局，日军不仅没有实现重新夺回战略主动的作战企图，反而其军事实力进一步受到削弱，最终完全丧失了战略主动权，陷入了被动的局面。此外，西南太平洋盟军在巴布亚半岛战役中经半年苦战，彻底粉碎日军占领莫尔兹比港的企图。

美国海、空力量取得决定性优势后，开始由守势转为攻势，日军战略主动权逐步丧失，太平洋战场的战略态势出现根本转折。伴随着这种变化，日军不仅在关押战俘的方式上进行了重要的调整，在对待将军战俘的态度上也在发生着变化，日军在战争初期的那种心理强势也在伴随着战事的发展而悄悄地丧失。

1942 年 9 月 8 日夜 10 时许，在新加坡、香港、马来亚和荷属东印度等地被俘的将军战俘、政府高官以及其他军官共计 357 人被押解到台湾花莲战俘营，其中包括新加坡的英军司令帕西瓦尔中将、荷兰联军最高司令普鲁顿中将、香港总督杨慕琦、英属海峡殖民地总督汤姆斯、荷属东印度总督斯塔夏麦尔、英属海峡殖民地大法官麦克艾尔文、马来亚大法官杜鲁蒂等高级将领和政府高官，其中准将以上的军官就有 23 人。

9 月 27 日，在米沙鄢——棉兰佬地区被俘的沙普等 4 名美军将军和 20 名校级军官战俘也被押送到这里。至此，第二次世界大战期间日军俘获的盟军高级将领和高级文官全都聚集花莲战俘营，准将以上军衔的将军共 76 人，其人数之众，地位之重要堪称史无前例。

太平洋战争爆发后，台湾由日本“内务省”直接管辖，宣称台湾已经从殖民地晋升为“第二内地”或“准内地”，进行

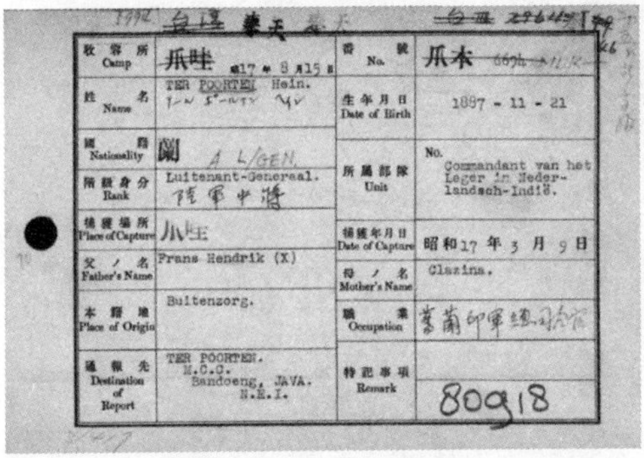
收容所 Camp	爪哇 昭17年8月15日	番號 No.	爪本
姓名 Name	TER POORTEN Hein.	生年月日 Date of Birth	1887 - 11 - 21
國籍 Nationality	蘭	所屬部隊 Unit	No. Commandant van het Leger in Nederlandsch-Indië.
階級身分 Rank	Luitenant-Generaal. 陸軍中將		
捕獲場所 Place of Capture	爪哇	捕獲年月日 Date of Capture	昭和17年3月9日
父ノ名 Father's Name	Frans Hendrik (X)	母ノ名 Mother's Name	Clazina.
本籍地 Place of Origin	Buitenzorg.	職業 Occupation	荷蘭印軍總司令官
通報先 Destination of Report	TER POORTEN. M.C.C. Bandoeng, JAVA. N.E.I.	特記事項 Remark	80918

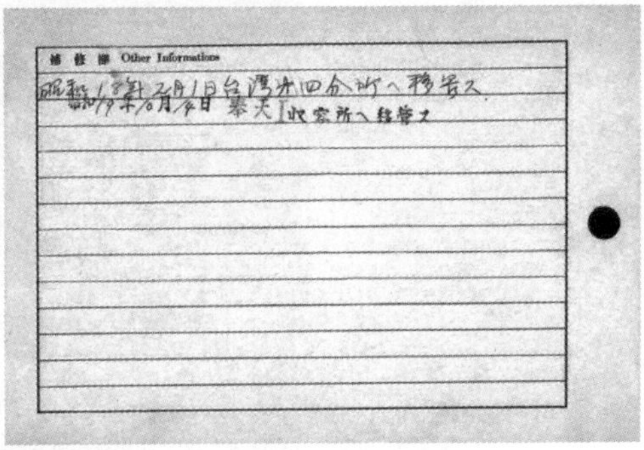

战俘登记卡（正反面）：荷属东印度军总司令塔尔珀顿。日军给每位战俘都建有这么一个资料卡，上面不仅纪录战俘的个人信息，还记载战俘被俘地、关押地以及关押地点迁移等信息。这些资料于战后都已移交给各当事国，目前大都馆藏于各国国家档案馆

所谓的“准内地化”，成为日军大举南进的前进基地和保卫本土所倚重的屏障。太平洋战争期间，从东南亚输往日本的物资都要经过台湾海峡，它是日军与日本本土、中国大陆占领区以及南洋一带的补给线与联络网，日本在岛内驻扎大量的军队以保卫这条海上生命线。

日军把马尼拉的高级将领战俘从菲律宾主动迁到台湾，并且把东南亚战场上的不同国家的高级将领战俘也相继运到台湾，足以反映出它试图以台湾为依托，凭借其进可攻、退可守的战略地位伺机扭转战略态势。

在台湾，战俘们要面对的不仅是食不果腹、缺医少药和凶残的虐待，更难忍受的是完全丧失了尊严。日军规定在战俘营中，不论军衔高低，战俘如果不戴帽子，要向所有路过的日本军官鞠躬；如果戴着帽子，要向所有的日本官兵行举手礼；当有人进入战俘营时，战俘们要马上起立，立正站好。温莱特将军第一次鞠躬的对象是一名日本中士。作为一个美国将军竟然向一个日本中士鞠躬，这简直是一种人格侮辱。

12月的一天夜里，温莱特将军第一次挨打了。晚8点，

温莱特与爱德华·金在台湾战俘营

点名结束，离就寝还有半小时，温莱特拿起毛巾去营房后的厕所，出来时遇上了一个日本哨兵，他个头矮小、结实健壮。哨兵对温莱特喊叫着，示意他靠近一点，温莱特走了过去。

“什么事?”温莱特问，附近的几名美国军官都停下了脚步。

只见那名日本哨兵，二话不说，极为迅速地转身在温莱特的脸上打了一个响亮的耳光。这是重重的一击，顿时脸上针刺般疼痛，温莱特愤怒到极点。但他仍然以军人的姿态站在那里，嚣张的日本哨兵接着又打了第二下、第三下、第四下，每打一下，口里还歇斯底里地喊叫着“为在美国的日本人!”沉重的打击让温莱特脚跟不稳，但他还在努力地坚持着让自己不倒下去。那个日本兵见了，猛地冲上前去，在温莱特的左下巴上又重重地击了一拳。温莱特终于倒下了，他被打得有点神志不清。仅存的一点意识告诉他，这是他一生中最深痛的羞辱，永远也不会忘记。

英军希斯中将的左臂在一战时负伤致残，平时要靠左裤兜处缝上的绳支撑。一次，遇到日本兵时他照例举手敬礼，但日本兵嫌他的敬礼姿势“漫不经心”，竟举起枪托猛击他的左臂。希斯被打倒在地，几乎失去了知觉。在被毒打后的几周里，希斯将军的双眼像两个血窟窿，左臂不得不用吊带悬着。

香港沦陷后，总督杨穆琦等高官也被日军俘虏，和温莱特等人拘禁在一处。杨穆琦因是文职人员，不习惯向日军敬礼，日军竟将战刀架在他脖子上，恐吓威胁。杨穆奇的儿子布莱恩·杨（Brian Young）回忆说：“父亲被送到香港是因为他参加过一战，同时又是一位出色的总督。他们知道日本军队任何时候都可能入侵，而我父亲是在香港陷落之前很短时间内才到达那里的。战争期间，他每天早上都出去，出去时总是看上去意气风发，脸上挂着最好的表情到医院或者其他地方看望将士，精力充沛，从来不考虑自己的安全。到了台湾，日军将他拉上街头，游街示众，试图以此方式羞辱他。显然，日军认为自己是胜利者，而战俘是被征服者，比起肉体上的摧残殴打，日军试图从精神上羞辱他，让他尝尝从一军统帅沦为阶下囚的痛苦。”

被俘英军、马来亚英军司令帕西瓦尔中将之子詹姆士·帕西瓦尔（James Percival）说：“我父亲在回忆录中说，当他们被俘后，都成了虔诚的教徒，哪怕平时不信教的人也开始参加礼拜了。许多人进了战俘营后，宗教在他们的生活中变得重要起来，因为宗教可以鼓励他们，提升他们的士气。我记得有一次，我们收到一封父亲的信，但根本没法读懂它，日军剪去了很多内容，信纸上满是破洞。”

被踢踹、被扇耳光、被辱骂，绝大多数的虐打都是毫无缘由的。有时日军岗哨会让二三十个战俘在厕所外面站成排，然后走过去，一个接着一个打他们的脸。没有一个人能够忍受如此待遇，没有一个人不想出手反击。然而，战俘们在这里只能是忍气吞声，忍着、忍着、再忍着。2011 年、2012 年我两次采访了温莱特将军的侄子皮特 · 温莱特（Peter Wainwright），皮特说：“有一次，他（温莱特）因为没有好好地向日本看守鞠躬，结果被看守用枪托殴打，倒地不起。当晚，还有另外两名美国军官在场，他们进了盥洗室，刚好目睹了这一幕，军官们想冲上前去，阻止日本看守。可是，温莱特将军却命令他们后退，他说：别管我，他会开枪打死你们的。”

在台湾战俘营多次发生高官战俘死亡事件。英军少将贝克武斯 · 史密斯遭日军士兵毒打后，健康急剧恶化，于 1942 年 11 月 11 日客死台湾花莲战俘营，成为第一个死于日军战俘营的盟军高级将领。温莱特说：“美国军官都很喜欢这个勇敢的英国人，但是当我们悲痛地看到他离去，有人认为他的解脱要比我们活着更好。”之后，英军准将席利和美军准将迈克 · 布莱德分别于 1943 年 12 月 7 日和 1944 年 5 月 9 日客死台湾嘉

台湾战俘营举办死亡战俘慰灵仪式

义战俘营。

1943年4月2日，日军再度对美军战俘实施迁移。更为特别的是，这一次他们专门把准将以上级别的战俘分离出来，押往专门用来关押高级将领的台湾玉里战俘营，而其他校级的军官战俘则继续被羁押在花莲。显然，日军对这批将军战俘是别有用心的，单独关押自然更便于掌管。

1943年6月15日，日军进一步缩小高级将领和高官战俘群体，将他们转押到台湾的木栅战俘营。这个小战俘群体由14名各国最高军衔的将军和高级文官以及他们的少许随从组成，包括美国的温莱特中将、金中将和摩尔中将，英国的帕西瓦尔中将、希斯中将，荷兰的普鲁顿中将、巴克中将、利斯少将，印度陆军的马克雷少将，以及香港总督杨慕琦、英属海峡殖民地总督汤姆斯、荷属东印度总督斯塔夏麦尔、英属海峡殖民地大法官麦克艾尔文和马来亚大法官杜鲁蒂。

1943年是太平洋战场上的大转折之年。自瓜岛争夺战后，美军开始展开一定规模的局部反攻。在北太平洋，美军首次采用“跳岛”进攻战术，于1943年5月在阿图岛登陆，全歼日本守军，至8月收复阿留申群岛。在西南太平洋和南太平洋，美军于6月底在新几内亚和所罗门群岛同时发动攻势，9月攻占萨拉马瓦和莱城，10月占领新乔治亚群岛，11月在布干维尔岛登陆，迫使日军一再后撤。与此同时，中太平洋美军攻占吉尔伯特群岛，开始向西进击。12月1日中英美公布《开罗宣言》，明确宣布把日本占据的中国所有领土，包括在清朝时割让的台湾、澎湖列岛，归还于中国。这无论是在军事意义还是政治意义上，甚至从国际法意义上，无疑对于企图据守台湾的日军具有更加强悍的心理震慑力。

日军战俘营司令官佐泽秀雄与温莱特将军一同钓鱼

日军除了采取如上对高级将领战俘实行分而治之的办法以外，同时对这些战俘采取了新的策略。自从到了木栅战俘营后，日军再也没有殴打战俘。不仅如此，这里的伙食也有了很大改观，战俘们不再进行任何劳作。当然，日军做出这些变化是有用意的。掌管台湾全岛各战俘营的日军司令官佐泽秀雄大佐等日军军官，频频

和颜悦色地造访木栅战俘营。

终于日本人亮出了底牌，他们不停地安排日本军官分头找将军个别谈话，为战俘们安排外出野餐、钓鱼等娱乐活动，然后要求将军战俘们给各自国家的政府首脑写信，规劝他们的国家不要再继续对日作战，战事到此可以结束了。然而，正是日军这些一反常态的举动，却充分暴露了其试图把盟军高官战俘用作战争筹码的意图。皮特介绍说："温莱特将军与爱德

2007 年 5 月 6 日，作者在美国德州拜访爱德华·金将军的儿子

华·金将军两人是好朋友，当时，爱德华·金将军面临一个艰难抉择，他知道，如果不投降，所有人都会阵亡。他们的处境很艰难，所有人都已精疲力竭。所以，他给温莱特将军打电话，而温莱特将军将麦克阿瑟的指示告诉了他。金将军假装电话线出了问题，挂断了电话，这样，他一个人为巴丹岛投降之事负责。”

一天，一名日军军官跑来告诉温莱特和爱德华·金将军，美国红十字会安排他来与两位将军谈话，并做成纪录片，带回美国播放。爱德华·金将军在他的日记中写道：

1944年3月9日，今天早晨，日本人要求我们录制影像采访时按照以下要点进行表述：1.日军的胜利是无法抵抗的；2.与日本的战争持续得越久，美国士兵就死亡得越多；3.期待尽早实现和平。对此，我和温莱特将军当然不会同意。我们两人在向日本人提交的签字声明中指出：“虽然沦为战俘，但我们仍然是美国陆军军官。你们对我们提出的表述要点既不符合我们对本国政府和国家所肩负的职责，也不符合美国军人的行为准则”……今天下午，日军司令官再次要求我表述上述三点，再次遭到我的拒绝。

经过深思熟虑，温莱特还是答应了拍摄要求，但前提是必须修改既定内容。纪录片里的两位将军已经瘦得皮包骨头，他们介绍了战俘的生活，虽然说的内容是经过日本人严格审核的，但至少让美国人知道，他们都还活者。同样的事也发生在帕西瓦尔中将身上，帕西瓦尔将军在回忆录中写道：

日本人希望拍摄一部展示战俘营生活的影片，以表示战俘们对战俘营的生活很满意。影片的目的是为了宣传。起先他们说，是红十字会要他们拍摄影片的，但很快，我们就发觉，这件事和红十字会毫无关系。日军要求我们同意参加拍摄，但我拒绝了，我抗议说，我们先前没得到过相关提醒。于是日本人开始给我施压，显然，他们很焦虑，希望我能够出现在影片中。最后，战俘营司令官通知我说，如果我拒绝参加拍摄，战争结束后，他们就不送我回国。

后来，我们到河边时，看到河边有好几个摄影师。我想，说不定河里根本没有鱼，再说，或许我们的运气不好，一条鱼都钓不到呢。后来，司令官居然准备了一条现成的活鱼，将它拴在钓鱼竿上，就这样拍了一张钓鱼的照片。这个故事很有趣，从中我们可以看出，日本人为了达到欺骗宣传的目的，可谓花样百出。

战争形势急剧变化，日军不得不制订“本土防卫”计划，在战略调整的同时，也调整了战俘营的布局，这其就中包括再度迁移盟军高级将领战俘。这一次他们选择了发动整个侵略战争的策源地——“满洲”。

1944年10月5日，14名高军阶战俘又一次被迁移。日军先是用飞机将他们从台湾押送到日本的九州，然后乘火车到日本别府。在这里，他们遇到了先于他们四天就被转押到这里的其他将军战俘，自从1943年6月在玉里战俘营分别以后他们就没有再见过面。两天后，战俘们再度起程，到达日本小仓港，从那里搭乘轮船前往朝鲜的釜山港。到达釜山后，他们又改乘火车，一路北上，于1944年10月14日到达了伪满洲国境内的郑家屯战俘营（位于今吉林省双辽市），即“奉天俘虏收容所第一分所”。至此，战争初期被俘的准将以上军衔的76

郑家屯战俘营：奉天俘虏收容所第一分所

名将领中除3人死亡以及1名荷兰少将转押苏门答腊以外，其余72名准将以上军衔的盟军将领转押到这里，其他校级军官476人也陆续到达这里。自两年前盟军高级军官战俘聚集台湾花莲战俘营后，他们再度在伪满洲国境内汇集。

1944年12月1日，16名高级将领战俘再度被与其他军官战俘分隔开，被转押到伪满洲国境内的另外一处战俘营，即西安县战俘营（位于今吉林省辽源市），这里是关东军辽源守备

西安县战俘营：奉天俘虏收容所第二分所。这是一个非常隐蔽的营区，它位于被树木掩盖下的半山坡上

队的驻地北大营，是日军的“奉天俘虏收容所第二分所”。自从1942年6月9日投降被俘后，温莱特将军先后被关押在菲律宾的塔尔拉克战俘营、台湾花莲战俘营、台湾玉里战俘营、台湾木栅战俘营，几经辗转，到达中国的郑家屯西安县战俘营已经是他自被俘以来转至的第六个战俘营。凭借职业军人的敏感，温莱特对这次被迁移至满洲有着特殊的预感，“但我推断要赢得战争还要依靠在日本本土的登陆……我估计这最早要到1946年底。”

当然，温莱特这种保守的推断，缘于失去了自由的他无法了解外面的世界，正发生着惊天动地的变化。1944年1月31日，美军进攻马绍尔群岛。6月15日，美国开始对日本本土实施战略轰炸。8月10日，美军完成攻占马里亚纳群岛任务。1944年10月20日，就在温莱特等盟军高级将领战俘押抵满洲的6天后，美军拉开了旷时4个多月的进攻菲律宾群岛的序幕，麦克阿瑟将军当日便登岸。10月23至25日，日军在莱特岛海战中惨败。此战役为后来美军成功攻下菲律宾群岛、冲绳岛等地打下基础。

1944年是日军几近崩溃的一年，但日军仍幻想凭借《日苏中立条约》的庇护以及关东军精锐之师应对苏联的进攻，关东军也开始转入对苏军作战的准备。1944年2至9月，日本关东军进入对苏作战态势变革期，同年10月至1945年3月进入持久作战准备期，1945年4月至7月进入作战增强期。临近战争末期，日本关东军制定了放弃四分之三满洲、退缩到以通化为中心的东南山地一带与苏军持久作战的部署，而原本深处满洲腹地的西安县也因此转而处于防御的最前沿，日军以高官战俘为筹码负隅顽抗的用意凸显出来。

1945年3月17日，日军陆军省下发给相关部门的陆亚密第2257号《关于适应形势推移之俘虏处理要领》电文，内容有：

方针

一、极力防止战俘落入敌人手中。为此，需要事先移动战俘的关押位置。

二、在受到敌人攻击万不得已情况下，可解放战俘。

要领

一、强化战俘营的警备。

二、战俘位置之移动

随着战局之进展，基于敌人对于要地空袭加剧并可能在皇国登陆等形式判断，应对于战俘配置进行全盘研究，并先机从防卫之见地，实施战俘之移动或集中。

移动计划

一、移动和劳务之活用。

二、战俘之集中。

三、基于形势急迫，并不能实施前项之移动之万不得已时，可解放战俘。

在上述情况下，应优先考虑对能胜任劳务并健康者及将校之转移。但对于有反抗行动者，应不失先机实施非常措施等临机手段。

四、战俘解放应注意以不危害一般居民为宜。

五、在采取镇压战略之谋略、暴动、反抗等所需之非常措施时，应特别留意不应成为敌人宣传工具或报复手段之口实。

六、伴随本处理时之粮食补给，应考虑确保在万一运输中断时维系战俘生命最小限度之粮食。

奉天战俘营在押盟军高官战俘一览表

国籍	中将	少将	准将	合计
美国	1	5	12	18
英国	2	5	32	39
荷兰	1	10	0	11
澳大利亚	0	1	3	4
合计	4	21	47	72

从电文可见，到 1945 年日军已日迫西山，而被关押在战俘营的盟军战俘此时的处境，是十分危险的。1945 年 5 月 21 日，日军关闭郑家屯战俘营，将剩余军官战俘转押到奉天战俘营。

如果说两年前日军挟盟军高级将领战俘退守台湾还是以据守和伺机反攻为目的的话，那么盟军高级将领战俘迁押至伪满洲国反映的不只是日本人的节节败退，也暴露出其孤注一掷的处境。

在一些关于温莱特将军的传记里，讲到了一个小故事：一次日本记者到战俘营采访温莱特，记者问他“你将来回到美国是否想到会受到军事法庭的审判？”温莱特告诉他，从来没有这样想过。因为“一个讲道理的国家是不会审判一个发出合理命令的战地指挥官的。”温莱特的回答令日本人大失所望，事实上，战后当温莱特回到美国，他不但没有受到审判，反而被立即晋升为上将，并被任命为美国东部防区司令。难道这就是温莱特内心的真实想法？他真的能对战争的胜败如此洒脱？

皮特却告诉作者说：“他（温莱特）心中仍然背着沉重的包袱，其实他完全没必要感到自责，但他当时的感受，是你和我都无法了解的。他是个军人，是军队指挥官，他认为，自己应该在战场上获胜，而不是失败。他在战俘营时认为自己做错了，不应该向日军投降。没有人知道他们被转移到哪儿去了。这是日军的一项计划，他们知道战局对他们不利，所以，他们想把手中的战俘作为谈判时的筹码。他们没想到轰炸什么的，也不打算匆匆撤退，他们认为，接下来应该会有一场谈判。”

解　放

无论是谁，在他接受用部属的鲜血、朋友的牺牲换来的欢呼时，永远要记住谦卑。

——艾森豪威尔

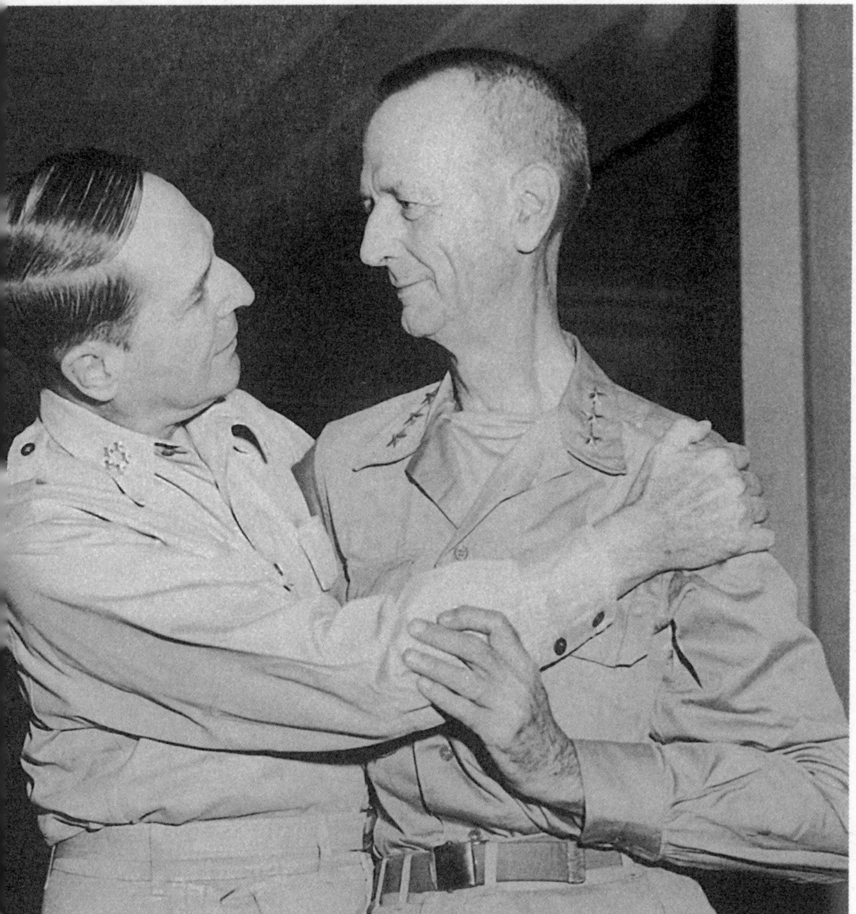

1945 年 7 月，日军随时可能投降，盟军统帅部对于在日本人手中的战俘的健康和安全状况更加关切，特别是对于在日军投降时，战俘会否遭到日军极端处置等情况极为担忧。为此，美军中国战区司令魏德迈中将命令战略情报处着手组建人道联络与救援小分队，任务由美国陆军航空兵第十四航空队负责执行。营救队组建后在中国昆明基地展开密集的空降训练，随时准备执行战俘救援行动。训练后，营救队从西安基地出发。

每个作战单位是由 6 人组成的小分队，通常被称作“人道小分队”，在整个中国战区所辖范围内展开救援行动。救援小分队的任务是通过空降进入战俘营，报告盟军战俘的基本状况，确保战俘在解放时不被迫害，此外还要对日军的战争犯罪证据以及违反《日内瓦公约》的行为进行取证，并清理机场，供人员撤离之用。

每个小分队配有卫生兵、通信兵、日语翻译（日裔美军士兵）和中文翻译（中国军方派员），并各自有特定的行动代号和作战地点。这些代号和对应的作战地点分别为：灰鸭行动——潍县（今山东潍坊）、喜鹊行动——北平（今北京）、火烈鸟行动——哈尔滨（后行动临时取消）、麻雀行动——上海（因人员被日军拘留未获成功）、鸽子行动——海南、海鸥行动——汉口、信天翁行动——广东、金丝雀行动——台湾、鹌鹑行动——越南河内、乌鸦行动——老挝万象、金雕行动——朝鲜汉城（后因盟军已经在朝鲜半岛登陆而取消），以及北美

1945年9月2日，美军“密苏里号”战舰上，麦克阿瑟代表盟军在受降协定上签字。他身后站着温莱特（右）和帕西瓦尔（左）将军

红雀行动——奉天（今沈阳）。

进入8月，爱德华·金将军在日记中有这样的记载：

1945年8月10日：防空演习一直进行到凌晨两点过后。集结地点改在我的房间而不是图书室。先后两次到室外进入防空洞……今天又进行了几次防空演习。

1945年8月12日：中午通知我们要撤离，下午必须把行李捆扎好。有传言说我们可能要向北撤离。

1945年8月16日凌晨4时30分，在日本天皇宣布《终战诏书》不足17小时后，“北美红雀”营救队乘B–24“解放者”型轰炸机从中国西安出发，前往奉天执行战俘营救行动。此时的奉天还在日军的严密掌控中，因此“北美红雀”行动能否成功，还是一个未知数。

1945年9月2日，日本正式签署投降书，受降仪式在位

温莱特将军抵达日本横滨与记者见面。时隔 4 年后世人终于再次见到温莱特，并第一次听到温莱特亲自讲述在战俘营的各种遭遇

于东京湾的美军“密苏里号”战舰上举行。代表盟军的麦克阿瑟在受降协定上签字后，回身将两支签字笔先后赠送给站在他身后的两位瘦骨嶙峋的将军，他们就是刚刚被“北美红雀行动”救援小分队从奉天战俘营解救出来的美军战俘温莱特将军和英军战俘帕西瓦尔将军。

“等待这一天的到来，我花了 3 年多的时间。”8 月 31 日匆匆赶到日本的温莱特将军说，“今夜，在横滨，一名美国军官重又拿起武器！感谢美国人民的慷慨和同情，感谢他们理解 1942 年 5 月在菲律宾战场降临在我头上的厄运。承蒙麦克阿瑟将军的慷慨，让我前来见证更大的厄运降落在敌人的头上。”

北美红雀行动

“北美红雀行动”营救队的队员们登上绰号为“飞行津贴”

"北美红雀行动"营救队员。(由左至右)斯塔兹(通信员)、拉玛尔(军医)、翰纳西(营救队长)、雷斯(俄文翻译)、木户文雄(日裔美国人，日语翻译)

的B–24"解放者"型轰炸机，21岁的保罗·霍尔伯格(Paul Hallberg)是担任此次飞行任务的飞行员。凌晨4点30分，飞机从中国西安升起，飞向奉天。

营救队的人员配置是翰奈西少校(队长)、拉莫尔少校(医生)、斯塔兹(通信兵)、雷斯(Harold Leith，俄文翻译，中文名字：李和德)、木户文雄(日语翻译，日裔美国人)和程施吾(音)(中文翻译，中国军方派员)。

"北美红雀行动"营救队员李和德回忆说，一路上他都在欣赏美景，"在上面看，景色十分美丽，看到了长城，看到美丽的农田，美丽的国家。我在祈祷能够解救战俘，安全地把他们带回家。"

李和德说，自己是志愿参加这次营救战俘行动的，当时奉天地区主要的语言是中文和俄语，而他刚好同时掌握这两门语言。1945年5月，李和德就已经抵达昆明接受跳伞训练。"原子弹投向广岛和长琦后，我们估计战争快要结束了。我们得知，如果日本投降，他们可能要杀掉战俘，所以我们对战俘的情况十分担心。我们还被告知，美国的主要将领温莱特将军等人也在那里。他们要求我前去帮助营救温莱特将军。我是13日志愿报名参加营救的，第二天就到了中国西北的西安待命。”

上午10时许，飞机飞临奉天上空。飞行员保罗通报说，外面的风速是25英里/小时，这样的风速对于跳伞来说会有

绰号“飞行津贴”的B–24搭乘着营救小分队

些困难。他询问队长翰奈西少校是否现在跳伞。考虑到尽快解救战俘是第一位的，小分队已经顾不了太多。“跳！”翰奈西少校一声令下。

“我们全都在跳伞孔的周围坐好，降落伞也都连接好了。然后，我们先后跳出舱外。我是第四个跳出的。跳出以后，我首先听到了‘砰’的一声响，这是我的降落伞打开的声音，我总是特别喜欢这个声音，听到声音，感觉好极了！”降落伞顺利打开，意味着一个好的开始。“接着感到身体被猛地冲击了一下，那是开伞瞬间带来的向上的拉力，然后就感觉是在飘。”“啪啪啪”，地面上传来一阵阵鼓掌声。“我朝下一看，是一群在农田劳作的中国农民，他们停下手里的活儿，仰着头看着我们，为我们鼓掌，好像是在欣赏我们的空中表演。”李德和回忆说。

这时，“飞行津贴”又盘旋着折返回来，投下了物资伞，伞上挂着营救队所需的物资，如食物、药品和通讯设备等。飞机正要驶离的时候，一架日本零式飞机朝它飞去，“它朝着‘飞行津贴’飞去，但是显然没有携带弹药。它好像是准备实施‘自杀式撞击’。”飞行员保罗发现日军飞机猛地一下拉起机身爬升起来，他也立即拉高机身，眼见着日军飞机贴着B–24的机腹，擦身而过。保罗看到，“坐在驾驶舱里的日军朝上看了看，悻悻然很是恼火，他没有撞上。”“飞行津贴”安全返航。

一场虚惊过后，营救队员们降落在地面上，迅速收拢伞

救援物资投放场景

绳，这时有中国人走过来帮助队员们一起收拾降落伞。营救队员向他们说明来意，并询问战俘营的位置。一名中国人站出来为他们带路，于是，营救队员分为两组，一组留在原地负责照看物资和设备，另一组是李和德等三人，跟随中国人前往战俘营。

营救队员正朝着战俘营走，突然，前面出现了一队日本兵，个个端着上了刺刀的步枪，半跪在地上，正举枪瞄准营救队员。李和德发现站在身边的拉马尔医生下意识地要掏枪，赶忙阻止他说：“你要是敢动一动，我现在就结果了你。”拉马尔没有贸然行事。也就在这时，营救队员的左前方，一直隐蔽在树丛后的日本兵走了出来。李和德说：“我们好像成了日本人的最后一批战俘。”

营救队员们试图告诉日本兵战争已经结束了，但是，他们不相信。日本兵蒙上营救队员的眼睛，把他们带到了一所小房子，并用刺刀逼迫着他们不许说话。李和德说：“被他们蒙上眼睛的时候，的确有点害怕，不知道他们要干什么，因为以前看见过他们用战刀砍掉人头的照片，所以还是有些恐惧。”

没过多久，留在现场照看物资的营救队员也被带到了小房子里，当时，营救小组只剩下了5个人了，其中参加行动的中国军人不知了去向。李和德猜测，他可能是担心日本人会先处置他才跑掉了。日本人开始打电话与上级联系。随后，营救队员被带到奉天城里大和旅馆对面的一幢建筑物里，那里是日本宪兵队司令部所在地。

来到宪兵司令部，一位负责的日本上校说已经从电台听说

“北美红雀行动”营救队队员在确认缴获的悬挂在战俘营的日本国旗

大和旅馆

了一些消息，但是尚未接获任何有关投降的指示。不过，他对营救队员说，从现在起他们已经不属于被俘人员了。“我们好像又成了第一批被日本人释放的战俘了。”当营救队提出要前去战俘营的时候，日军上校说，此时即便是让他们去，战俘营那边的负责人松田上校也不会让队员们进去的，因为还没有接到相关指令。最后，在营救队员的坚持下，日军上校同意营救队员去战俘营，并特意指派由刚才逮捕了营救队员的那队日本兵负责陪同，并吩咐日本兵要确保不发生其他意外。

营救队员来到战俘营的正门时，战俘营司令官松田上校已经出现在那里。果然，松田坚称不能允许营救队员进入战俘营，也不让他们与在场的其他人交谈，所有问题都由他本人回答。“我朝上面望去，看到窗口旁有一些战俘，朝他们做了‘OK’的手势，还朝他们挥了挥手。”李和德回忆说。随后，松田上校安排人员把营救队员送回城里的大和旅馆安顿，说当晚他会与东京方面联系。

虽然还没有任何正式的消息，但是连日里发生的一些不寻常的事情，以及隐约传来的战争即将结束的各种传闻，早已让战俘们格外敏感，对于战俘营门前发生的这一幕，嗅觉灵敏的战俘立即觉察出了异样。美军战俘迈纳在日记中记录了这段时间发生的一些事情：

1945 年 8 月 13 日：去“满洲工作机械株式会社”和去“高井铁工所”劳作的人离开了战俘营。昨天有许多来自中国人和朝鲜人的传言，说战争可能已经结束了。我们不太相信传言，但是许多消息来源表明这些传言可能真的不是空穴来风。

1945 年 8 月 14 日：有关战争结束的传言已经沸沸扬扬了。许多人认为不应该再去工厂劳动了。有传言说俄国人已经攻打下了哈尔滨。

1945 年 8 月 15 日：上午大约 9:30，防空警报响了。中午时分，在“满洲工作机械株式会社”和“高井铁工所”劳动的人匆忙回到战俘营。日本人看上去一蹶不振。在分战俘营的人也开始陆续回到这里。最热门的传言是，战争已经结束。俄国人在“满洲国”北部的战事进展神速，并没有发生空袭。从日本人的态度上我们知道事态正在朝着对日本人而言是坏消息的方向发展。

1945 年 8 月 16 日：人们没有去工厂劳动。上午 10:30 或 11:00，有 6 个人乘降落伞从一架很大很奇怪的（不是日本人的）

飞机上跳下来。降落伞是彩色的，有红色的、绿色的和白色的。下午大约4:30，有陌生人被日本人带到日军司令部，有人说他们是美国人，有的说是中国人或俄国人。据说日本人对他们笑脸相迎，还握了手。其中的美国人还冲着在周边劳动的战俘打了“OK”的手势。今晚，战俘营里人们兴奋异常，大家确认了这些人就是乘彩色降落伞从奇怪的大飞机中跳出来的人。战争已经结束的传言成了更加热门的话题，为此人们还打了很多赌。许多军官战俘一夜未眠，有人打牌，有人看书，有人在聊天。日本兵今天没有上刺刀，没有像往常那样命令我们熄灯睡觉，没有因为战俘们在规定的时间以后吸烟或在远离烟灰盒的地方吸烟而打人。

美军战俘艾伦回忆说：“天上出现降落伞的时候，我们正待在战俘营的营房里。营房的窗户之前都封死了，我们就把窗户撞开，有的人挤不到窗口，就从漏风的墙缝往外看。我们十分肯定这次不是空袭……”

英军战俘皮蒂少校也在日记中写道：

1945年8月15日：上午9:30，响起防空警报，半个小时后又响起解除警报。午饭过后，MKK的劳作人员都返回，不久后，第一派遣所的人也返回。中国人说战争已经结束。今天上午，（美国陆军）马绍尔上校死亡。今天，是以战俘身份度过的第三年半的时间。

1945 年 8 月 16 日：为马绍尔上校举行葬礼……下午，第二派遣所的人返回。今晚，有 6 人被带进战俘营。不过从这些人能够在远离烟灰缸的地方吸烟的情况看，我们知道他们不是战俘。吃过好得不同寻常的晚饭后，所有被关押在禁闭室的战俘都被释放出来。明天要“检查”红十字会食品物资。

17 日一早，在焦急和不安中煎熬了一夜，营救队员们都早早起来。虽然并没有被日本人当作俘虏对待，可以说安顿得很好，但他们却丝毫没有忘记自己所肩负的解救同胞的使命。营救队员第一时间来到日本宪兵司令部。日军上校说已经与东京方面取得联系，营救队可以去战俘营了。日军上校还说他也可以当场向营救队员投降，并提出要剖腹，问营救队员要不要看。营救队员告诉他，现在该做的并不是这些，而是要留在这里协助解救战俘。

随后，营救队员乘坐宪兵队安排的卡车，径直通过战俘营的正门，他们直接走进了奉天战俘营司令官松田上校的办公室。松田上校看上去有些厌烦，因为他还不习惯有这么多的美国人，如此由自自在地在自己的周围走动，而且也没有向他鞠躬。简单交涉后，营救队员提出要面见战俘营里的盟军最高长官，松田说已经安排人去叫了。

过了几分钟，办公室的门口出现了帕克少将，一名被俘美国将军。帕克将军进来后看了一眼松田上校，并向他鞠了一躬。这时，李和德急忙上前，对帕克说：“将军，不用鞠躬了，他们已经向我们投降了。我们会把你们大家都送回家。”帕克将军十分高兴。这时，李和德透过办公室的窗户，看到有很多战俘在向屋子里张望，既急切又胆怯。

李和德知道，这些人在日军手里关押了三年多，该有多么热切地想知道战争的结果。“我需要去告诉他们发生的事情，

帕克将军

他们也好知道自己就要回家了。”李和德走出门廊，遇到了许多战俘聚集在一起，能有几百人。李和德来到他们中间，激动地告诉他们：“你们就要回家了！战争已经结束了！日本人已经向我们投降了！”起初，战俘还不敢开口讲话。自从巴丹被俘的三年零四个月里，李和德是他们见到的第一个自由的、健硕的美国人。“当战俘们第一次在战俘营里见到我的时候，他们都没剩多少磅了，个个都是皮包骨，脸色十分难看，十分饥饿，有人还在身患疾病。那时候我满头红发，而且作为一名伞兵，体魄又十分健壮，所以他们根本不叫我的名字，而是用‘大红头’直接和我打招呼。”

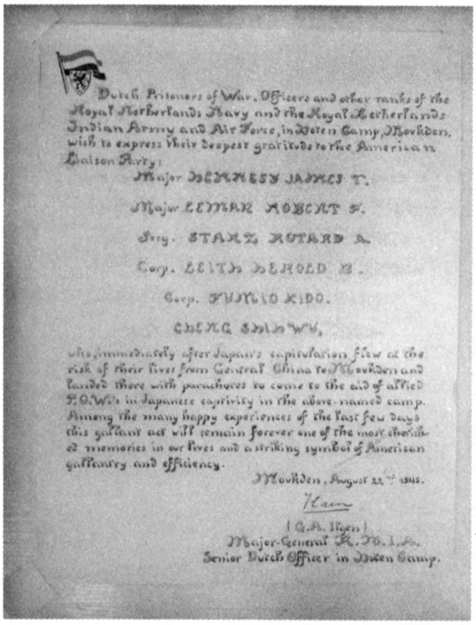
Dutch Prisoners of War, Officers and other ranks of the Royal Netherlands Navy and the Royal Netherlands Indian Army and Air Force, in Hoten Camp, Mukden, wish to express their deepest gratitude to the American Liaison Party:

Major HENNESSY JAMES T.

Major LEMAR ROBERT F.

Serg. STARZ EDWARD A.

Corp. LEITH HAROLD B.

Corp. FUMIO KIDO.

CHENG SHIH WU,

who immediately after Japan's capitulation flew at the risk of their lives from Central China to Mukden and landed there with parachutes to come to the aid of allied P.O.W.'s in Japanese captivity in the above-named camp. Among the many happy experiences of the last few days this gallant act will remain forever one of the most cherished memories in our lives and a striking symbol of American gallantry and efficiency.

Mukden, August 22nd 1945.

(G.A. Hoeh)
Major-General K.N.I.A.
Senior Dutch Officer in Hoten Camp.

荷兰颁给“北美红雀行动”营救队的奖状

所有的人，美国人、荷兰人、英国人，李和德身边围满了欢乐的人群。他们终于开口说话了“1943 年至 1944 年度‘玫瑰碗’谁赢了？罗斯福真的死了吗？因为什么？战争是什么时候结束的？英国的首相是谁？荷兰的威尔赫米娜女王还活着吗？现在不同级别的军衔挣多少钱？……”无数的问题蜂拥而至。“真的，这是我一生中最幸福的一天。”李和德回忆说。

在战俘们的簇拥下，李和德到战俘营各处巡视了一圈，发现这是一个规模很大的战俘营，营房里十分拥挤、混乱，跳蚤横行，

奉天战俘营解放后，盟军战俘与日军看守的角色发生了转换。图中的日军正在列队集合，在盟军战俘的看守下，去收获当初由战俘种下的土豆，盟军战俘诙谐地称此为“换防”

木板上铺上稻草就是战俘的床铺。所到之处，战俘称他是“英雄”，这让李和德深感不安。“他们才是真正的英雄，从战场到战俘，他们经历了战争中更加危险和残酷的过程，更何况是在残忍的日本人手里，要坚持下来，需要英雄一样的勇气和意志。”李和德说。

经过一番巡视，营救队员们又回到松田的办公室集合，因为他们没有见到温莱特将军。这让营救队员十分紧张，找不到温莱特将军，意味着营救行动远没有完成。“我们得知帕克将军是这里的最高长官，而温莱特将军被秘密关押在另外一个地方，离这里还很远。”

询问过松田，营救队员得知温莱特被关押在一个叫西安县的地方，离奉天西北约150公里，是奉天战俘营下属的第二分所，包括温莱特等军政要员共34人被关押在那里。为此，营救队迅速调整方案，决定立即派遣通晓俄语的李和德和拉马尔医生前往西安县营救温莱特等人。

而此刻，获得解放的战俘营继续沉浸在喜悦和欢乐中。此时，盟军战俘已经全面接管了战俘营，帕克将军作为营内最高

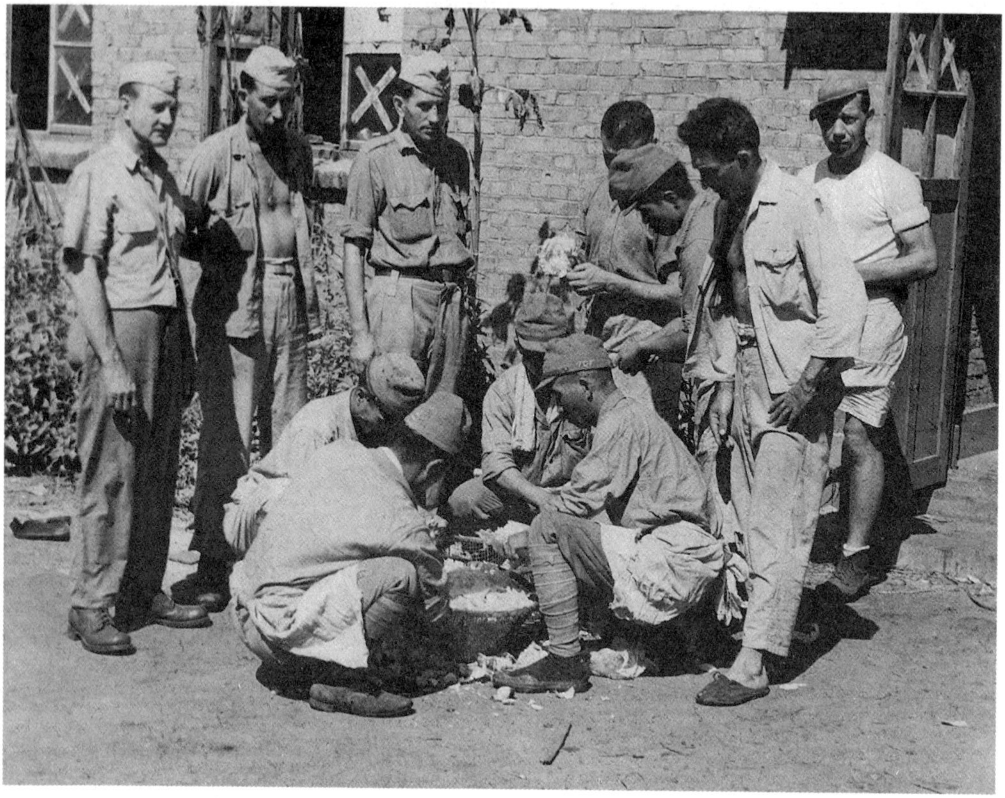

解放了的美军官兵在围观日军士兵整理蔬菜。（从左至右）美军 R.C. 罗杰斯少校（战俘编号 1694）、D.B. 图尼下士（战俘编号 767）、安德鲁·普里弗兹纳克中士（战俘编号 425）和列兵 D. 布鲁斯（战俘编号 1155）

军事长官，正式接管战俘营。

被日军扣押的数以千计的家信也发还给了战俘。在战俘营仓库里，一共发现了 65 袋被扣押的信件，很多都是两年前收到的。美军战俘艾伦说：“跳伞的人到来后的第二天，我一下子收到了 54 封信件，都是妈妈写给我的，有的竟然是两年前的信。”

皮蒂少校也在日记中记录这些天的所见所闻，言语间充满了激动之情：

1945 年 8 月 17 日：荷兰、美国和英国的高级将领被司令官召见，并被正式告知以英、美、荷为一方已经与日本方面签署停战协议，但是据信与俄国的战斗还在继续。（我们十分清楚俄国人已经在本月 9 日对日宣战。）可想而知，我们在以最大的耐心等待着作出回家的安排……我们从日本人的办公室弄出了我们的信件，估计能有30000封，很长时间都没有人碰过，有些被老鼠咬过，大多数都有两年之久。我找到了22封妻子写给我的信，还有几封是我的岳父写来的，日期是1942年7月——已经3年多的时间了。伙食配给已经增加了，而且红十字会的食品下午就发放了。我们已经接管了战俘营。晚饭是许久以来最

1945年8月27日下午13:00时许，参加战俘营复原工作的美军战略情报处队员罗杰·希尔斯曼（小）中尉在沈阳战俘营意外地见到了已经阔别4年之久、杳无音讯的父亲罗杰·希尔斯曼（老）（战俘编号1736）。希尔斯曼（小）回忆说，当日他从昆明飞抵沈阳，并不确定父亲是否就关押在这个战俘营。父子如此意外重逢，令人唏嘘。他回忆说，见面后父亲沉默了许久，然后说了一句话："儿子呀，你怎么才来？"这语不惊人的一问，包含着父亲深沉的无奈和无尽的喜悦

丰盛的一餐，因为每个人都得到2/3包的红十字会包裹。

1945年8月18日：我们的“解放者们”展现了卓越的能力。他们乘B–24飞机飞行了1600多公里，周边没有可供大飞机降落的机场，他们就跳伞了。他们携带了各种设备也一同投放下来，其中包括发电机和燃油，还有电台设备。这些设备昨天就组装起来了。我们急需物资的信息已经发出电报。晚9点左右，电报被一艘美国驱逐舰接收到，我们得知食物和其他物资即将用飞机投放。所有人都发给了1双日本袜子和1条毛巾，还根据需要发了英国靴子。

1945年8月19日：电报已经发送进来，我们得知在“满洲”的日本人已经向俄国人投降。今天上午，有6300公斤的所需物资已经用飞机运达，但是俄国人还不允许卸货。很显然，现在仅存的红十字会物资对我们来说究竟有多么重要。

1945年8月20日：我们相信美国的医疗舰正在前来撤离战俘的路上，但是还不明确英国人和荷兰人是否也能一同乘船撤离。晚上约7点，一队俄国军官来到战俘营，宣布我们现在“自由”了，并说将马上与我们的高级将领开会讨论撤离事宜。随后，在操场上，日本看守被解除武装，由他们的上校带队列队整整绕场一周，而且是由我们的人佩戴着他们的装备、拿着他们的武器负责看押，并最后当着战俘营全体人员的面把他们押进他们自己的禁闭室。负责的俄国军官说：“把他们交给你们了——任由你们处置，是割喉还是枪毙，对我来说都一样。”但

苏联红军 A.N. 特沃申科、A.D. 普里图拉和 G.L. 土曼扬将军宣布战俘营解放后与美军帕克少将（前排右二）等在战俘营前合影

街头的中国老百姓欢迎苏军的到来，此时奉天已更名为沈阳

是，这些话被以外交辞令的方式翻译成“他说就把他们交付给你们了。”我与一位俄国炮兵部队的军官交谈，他告诉我说在1.6公里的前沿阵地他们动用了300门大炮。

虽然“北美红雀行动”早于8月17日就解放了奉天战俘营，但是官方认可的正式解放时间是1945年8月20日。因为，根据《雅尔塔协定》，苏联于1945年8月8日，对日宣战并立刻于8月9日出兵中国东北，对日军发动“八月风暴”行动。不足一个月时间，苏联红军在中国东北横扫日本关东军。8月20日，苏联红军解放奉天，设立以斯克坦维奇为首的奉天卫戍司令部，接收了日伪机关，占领控制了机场、铁路、广播等重要目标，其中包括解放了奉天战俘营。前来正式解放战俘营的苏军将领是苏联贝加尔方面军军委会委员、苏联红军A.N.特沃申科将军，同来的还有A.D.普里图拉将军和G.L.土曼扬将军。根据《雅尔塔协定》，中国东北地区的收复由苏联来完成，也就是说，这里的日军要向苏联红军缴械才算是正式投降。

美军战俘罗森道尔回忆说：“那位俄国军官跳到医院旁边一块混凝土台上，发表讲话。我们第三十一步兵师的一个中士是俄裔移民，为他做翻译。这场景现在回想起来仍能打动我。他先是讲了俄军是如何强大，如何重要，他们的行动如何快速，他们是何等好的军队等。最后他大声说道：‘先生们，从这一刻起，你们自由了！’我永远也忘不了这句话。”

战俘营内人们在张望着空投的 B–29 飞机

随着太平洋各战区内日军所设立的战俘营相继获得解放，美军在冲绳基地聚集了最大规模的 B–29 机群，由美国陆军航空兵第二十航空队专门执行向获救盟军战俘空投救援物资的任务，整个救援期间总共投送了 4470 吨救援物资。

美军战俘艾伦说：“再次在上空见到 B–29 的心情，与去年冬天初见 B–29 时的那种紧张、恐惧中又夹杂一丝振作的复杂心情相比，就只剩兴奋和快乐了。大家都在十分愉快地忙碌着，有的负责维护投放现场周边的秩序，有的负责收拢投放的物资，有的负责往战俘营里运送。”

但是，空投工作在最初阶段进展得并不顺利，虽然在战俘营外面摆放了标示，但空投人员并未注意到。地面人员已经有了营救队带来的无线电对讲设备，但没有呼叫频道，天地间也无法通联，不能指引救援物资的投放地点，物资投放进展缓慢。这时，负责通信联络的马休斯中尉（Thurman R. Mathews，战俘编号：13）想到了一个解决办法。马休斯派人从厨房拿来面粉，在战俘营的操场上用面粉“写”出大大的对

战俘营操场上的天地对话

讲设备使用的频道，供飞机上人员识别。立刻，天地间建立起了通讯联络，物资投放终于可以顺利进行。

皮蒂少校在日记中写道：

1945 年 8 月 25 日：又有一些伤病员今天飞离。由飞机运来的救援物资非常受欢迎。（随后，每天都要有几架飞机飞来并投放数以吨计的食物和被服，我们已经不得不给他们叫停了。）今天，我们每人得到 2 盒美国香烟，还发了大量的糖、一瓶在当地买的熟啤酒。

家。当时，我们住在镇上。我母亲、我和我妹妹都去迎接他。我见到我父亲时，发觉他非常消瘦，看上去很疲惫。他回家后，过了好长一段时间才恢复过来。能和父亲团聚，我们全家都感到很高兴。”

寻找大兵林奇

在菲律宾大马尼拉都会区，远离都市喧嚣的僻静一角，有一处美国在海外的军人墓地，名为“美国墓地及纪念馆”。该

菲律宾美军墓地大理石柱上镌刻着失踪人员名单，包括林奇

墓地占地面积 61.5 万平方米，共有 17206 个军人墓，埋葬着二战美军阵亡将士，是美国在海外面积最大、埋葬人数最多的军人墓地。墓地核心区域是一个圆形区，由两个巨大的半圆形长廊围拢而成。长廊由一面面巨大的长方形大理石支柱组成，支柱的墙体上镌刻着 36285 个人的名字，他们都是太平洋战争期间在战场失踪的美军士兵。依据二战时期美国的法律，军人在约定归队时间内未返者，可宣布将其列为战场失踪人员。从被宣布为战场失踪人员之日起一年后，若失踪人员依然去向不明，即可以宣布其死亡。

在马尼拉美军墓地所列的近 4 万人的战场失踪人员名单中，赫然列着这样一个名字——威廉·约瑟夫·林奇（William Joseph Lynch）。根据美国国防部战场失踪人员和战俘办公室（DMPO）的官方资料，威廉·林奇是美国海军陆战队队员，上士军衔，服役编号 256599，从马萨诸塞州多切斯特镇入伍。正式宣布死亡时间为 1946 年 5 月 21 日。

1957 年 5 月 3 日，在林奇的家乡波士顿市市议会正式批准，将位于多切斯特镇（第 16 号片区）的聂庞塞特大街与维克特里路交叉口处的一小片空地，命名为“威廉·J. 林奇广场”，以此纪念这位二战英雄。批准议案指出，林奇是 1944 年 5 月 18 日以日军战俘身份失踪的，死亡时间则是以军方所确认的 1946 年 5 月 21 日为准。

林奇就这样留在了历史里。然而，无论是那块冰冷的记载失踪人员的大理石，还是那个寂寞的广场铭牌，都远远没能说尽林奇名字背后所发生的故事……

1942 年 5 月 6 日，林奇在菲律宾克莱吉多战场被日军俘虏，战俘编号 607。1942 年 11 月 11 日，他与其他战俘一起抵达奉天，并被派到“满洲工作机械社株式会社”劳作。资料显示，在日军的战俘登记卡上的“职业”一栏中，林奇的职业为“熔接工”。

1944 年 5 月 1 日，日军在位于奉天铁西区“满洲皮革株式会社”所在地（今沈阳市铁西区北二路与齐贤街交会处西北角侧）开设战俘营第一派遣所，将 150 名战俘从中心战俘营转押到这里劳役，林奇也在其中。

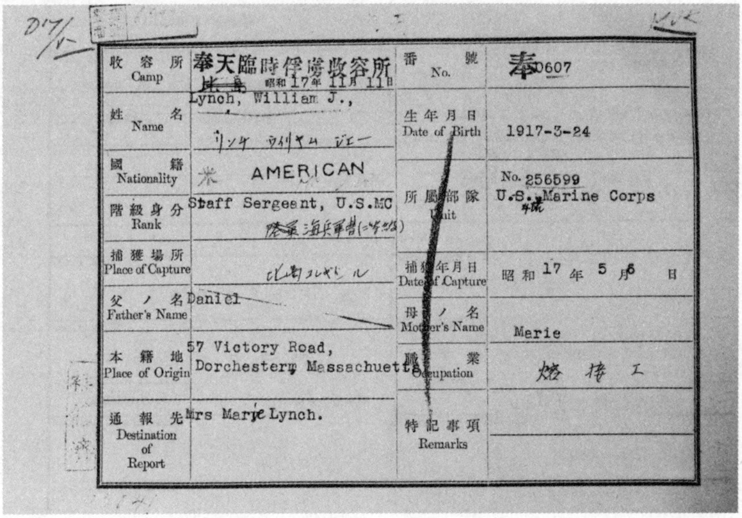

收容所 Camp	奉天臨時俘虜收容所 昭和17年11月11日	番號 No.	奉0607
姓名 Name	Lynch, William J., リンチ ウイリヤム ジエー	生年月日 Date of Birth	1917-3-24
國籍 Nationality	米 AMERICAN	所屬部隊 Unit	No. 256599 U.S. Marine Corps
階級身分 Rank	Staff Sergeant, U.S.MC		
捕獲場所 Place of Capture		捕獲年月日 Date of Capture	昭和 17 年 5 月 6 日
父ノ名 Father's Name	Daniel	母ノ名 Mother's Name	Marie
本籍地 Place of Origin	57 Victory Road, Dorchesterm Massachuetts	職業 Occupation	熔接工
通報先 Destination of Report	Mrs Marie Lynch.	特記事項 Remarks	

失踪美军战俘林奇的战俘登记卡

1944 年 5 月 17 日夜，天下着小雨，夜色格外黑暗。夜 11 ：30，林奇走出营房去上厕所。因为战俘迁移到这里不过十多天，厕所还在维修建设中，战俘们使用的厕所是一处临时搭建的场所，厕所周边堆放着许多木材。林奇正是乘上厕所之机，打破厕所的窗户逃出去，再利用木材踮脚，翻越了 3 米高的围墙，穿过铁丝网逃出战俘营，趁着夜色掩护成功“越狱”。

午夜 12 时，到室内巡逻的卫兵发现林奇不见了。零时 30 分，战俘营紧急集合，点名，同时将逃跑情况报告给了铁西区日本宪兵队和中心战俘营。日本宪兵队立刻分派两组人员前去搜捕，其中一组人员在皇姑屯火车站地区搜捕，另一组人员沿工厂外的铁路沿线搜捕，战俘营也派兵协助搜捕。

次日（18 日）早 5 时许，日军接获报告，称发现一疑似越狱战俘在第一派遣所西北约 2000 米处的地方，正沿铁路线向南行走。与此同时，中心战俘营又向第一派遣所增派 24 名人员，旨在加强分战俘营的安全警戒，并对其余仍在分战俘营内的战俘展开严格的调查讯问。同时，日军对相关战俘进行了处罚。与林奇同一个组的全体战俘受到“重谨慎”惩罚，而林奇所属的战俘组组长、负责值守夜班的战俘以及与林奇邻铺的战俘共 7 人为此受到“重营仓”的惩罚。

18 日 11 时 15 分左右，在奉天西北、平罗堡东南约 20 公里处的马三家子境内，一个当地民众报告发现林奇。马三家子警察局出动警察和当地村民包围并逮捕了林奇。林奇被捕后，日军铁西宪兵队对他进行了审问。

“越狱”事件发生后，奉天战俘营曾先后向东京俘虏情报局（隶属于陆军大臣的管理之下，主要任务是收集及交换与俘虏有关的各种情报——作者注）呈交了3份报告。报告就林奇的逃跑经过、搜捕过程、处罚情况和审讯情况做了十分详细的描述，报告抄录如下：

机密

奉天俘虏收容所报告第55号

1944年5月18日

关于一名俘虏逃跑的报告（报告第1号）

收报人：俘虏情报局局长

发报人：奉天俘虏收容所所长

1.逃跑俘虏：美国海军陆战队上士威廉·林奇，28岁（战俘编号：607号）

2.逃跑发生时的情况：1944年5月17日，工厂里的工作正常进行。晚上点名时（20点30分），所有的人都在场并且人员无误。21点30分到22点30分期间，警卫秋朝（平民职员）在营房巡逻，并在22时30分清点铺位。清点结果是全员在数。24时00分，营房警卫（工厂职员玉木郁太郎）在营房巡逻时，接获俘虏组组长报告，称有一名负责夜间值更的俘虏发现607号俘虏不见了。玉木警卫将此情况报告给中田中士，中田此时在办公室工作。中田中士立即召集紧急集合，向人在官邸的俘虏收容所所长报告，并派人前去给工厂的管理人员送信。此时，时间是00时30分，俘虏收容所所长命令进行紧急点名，并将逃跑时间报告给宪兵队，至此，完成各项处置。

3. 逃跑情况：夜间值更（俘虏245号）说他在17日夜23时20分左右看到被告（逃跑俘虏607号）从厕所返回。这一情况有待调查。可能是利用厕所的窗户（已经采取防范措施，但是有些窗框依然破损），或者厕所的棚顶（厕所正在整修，因此使用的是临时厕所）从营房逃跑。用来维修厕所的木材堆可能被用来翻越保安围墙逃跑（围墙大约3米高）。估计该俘虏也可能采取其他一些行为，尚且不能确认。

4. 该俘虏举止：

(a) 该俘虏曾因为厌恶工厂管理人员的行为被处罚15天禁闭。但此后，该俘虏较为顺从，努力工作。5月2日，所有俘虏在即将派遣至此战俘营时，该俘虏还曾宣誓严格遵守对俘虏的相关规定，这些内容主要是有关与日本人和满洲人交往的情况。被派遣后，该俘虏工作认真。(这可能是避免引起他人警觉的阴谋)。

(b) 着装破烂，身穿美式工装（夏服），穿美制军鞋，并戴一顶美制海军帽。还背着一个背包，身上的钱很少。

(c) 他的战友发现他17日这天出奇的安静，不过他平时也很少讲话。

5. 事发后的处置：

(a) 5 月 18 日，00 时 39 分，俘虏收容所所长下令进行紧急点名，同时联络宪兵队，并在翻译陪同下到达派遣所。派出一个搜索队，由福岛中尉负责，带领 3 人前往皇姑屯火车站地区搜查。另外一个搜索队由林少尉带队被派往皇姑屯铁路沿线搜查。00 时 30 分，两个搜索队各自到达指派地点。

(b) 他们协助并与同时到来的宪兵队一起搜查。

(c) 根据 5 月 18 日 5 时从林少尉处接获的报告，有几个满族小孩发现一个貌似逃跑俘虏的人在距派遣所西北约 2 千米处的铁路上朝南行走。该人是否为逃跑俘虏还无法确认，有待后续报告。因此，派出中田中士及 4 人前往确认。

(d) 从俘虏收容所本所派出 4 名军官，3 名士官和 17 名平民人员给军方加强安保。

(e) 对留在派遣所的俘虏进行彻底调查。

6. 安全：

(a) 在第一派遣所的看守人员由安藤少尉负责，还有一名士官（中田中士）和 4 名平民安保人员，都是从本所派出的。工厂还安排了 5 名日本人和 5 名满洲人。日常的工作都由军方人员执行，由本所派出的人员分成两组。

(b) 厕所以及新的浴室都还没有建完，俘虏收容所与工厂管理人员协商建完新厕所的事宜。因此，在厕所周边保持着严密的安保。

(c) 我们正在努力培训保安人员，因为他们都是新近录用的人。但是，截至目前，还没有达到目的。

7. 俘虏10天前刚刚从本所派遣到这里，所以他们对周边的情况尚不了解，而且，根据逃跑俘虏所持的个人物品来判断，可以估计这次逃跑是无准备的。而且，还有俘虏们对这里设施和待遇表达感谢的信件（曾分析此信件可能是欺诈，但是考虑具有对外宣传价值而接受）。本次事件将以严重犯罪予以处置并彻查。

机密

奉天事项报告

逃跑俘虏逮捕报告（报告第2号）

收报人：俘虏情报局局长

发报人：奉天俘虏收容所所长

1. 逃跑俘虏：美国海军陆战队上士威廉·林奇（28岁）（俘虏编号：607）

2. 逮捕情况：被告从第一派遣所翻越围墙逃出后朝西出走，漫无目的，希望自己够幸运能找到在中国的美国空军基地。当夜下雨，夜色很黑，因此他失去了方向，仍朝着西北方向走。18日11时15分，在途经沈阳西北、平罗堡20公里处的马三家子境内时，被一个满洲人发现。接获该人报告，马三家子警察局局长与当地满洲人一道包围了这名俘虏并逮捕了他。

3. 逃跑情况：目前，在铁西区宪兵队接受调查。被告在本收容所接受调查结果是，17日夜23时，被告偷偷在铺位上换上夏装，然后去派遣所营房处的临时厕所（三米高的木板墙盖上遮雨的棚子），踩着木板垫脚，翻过板墙，来到营房外。随后，快速来到修缮厕所用的木堆旁（这些木头是由施工方堆放的），再踩着这些木头翻过安全围墙（3米高的木板围墙，有3道铁丝网）。来到工厂围墙后，翻过铁丝网后逃跑。22时30分到23时期间巡逻队清点人数时，卫兵（负责警卫门口的）并没有发现任何变化。23时20分，日本人巡逻过后，负责夜间值更的俘虏记录他曾回到厕所，就在管理室入门的对面。（记录出入厕所者的名字，是一种防止逃跑的办法）。

4. 被告的情况：被告非常安静，且固执己见，喜欢和不喜欢的事情都很多。他的情绪不稳定，在工作中很尽力，但是很快就会不喜欢工作。但是，开始在皮革厂工作后，他比别人都更加努力。他喜欢在营房内阅读（俘虏的消遣文学读物是经过检阅和批准的，图书室在建中）。被捕后经调查，他称从去年春天起他就对俘虏生活感到厌倦，曾经以为战争到3月份就能以美国为胜利方结束。但是，由于这些并没有实现，认为可能会是旷日持久的战争。他的情绪经常不稳定，甚至出现过精神崩溃。所以，在派遣所他沉溺于阅读。被告承认他逃跑时就想到成功的几率不到1/500。

5. 建设："满洲皮革株式会社"的建设工作一直在努力进行

中，但是厕所和浴室的建设还只完成一半。由于招募施工单位的原因，给工作造成延误。建筑材料就堆放在安全板墙外面离工地较近的地方。所以，被当作了攀爬的垫脚工具。临时厕所的顶棚是暂时性的，也成为弱点所在。虽然我们缺乏材料，但是会尽快解决。

6. 处置：

（1）对所有派遣俘虏进行了教育。

（2）对同在一个小组的俘虏给予为时一周的严厉的小组惩罚。

（3）小组长、夜间值更以及在被告左右两侧铺位上的人一共7人处以重惩罚。

机密

经关东军司令部

奉天俘虏收容所报告60号

收报人：俘虏情报局局长

发报人：奉天俘虏收容所所长

俘虏逃跑报告（报告第3号）

1. 被告：美国海军陆战队，上士威廉·J. 林奇（28岁）（战俘编号：607）

2. 事后对俘虏审讯情况：该被告与其他俘虏不合群，因此没有太多朋友，只有三四个朋友来自海军陆战队。被捕后经俘虏收容所军官审问后，他交代情况如下：

(1) 逃跑理由是：俘虏收容所的严格制度是普遍性的，但是他无法继续忍受俘虏生活，认为战争还要持续很久。

(2) 5 月 17 日 23 点 20 分，去了厕所，此时并没有逃跑的想法。回到床铺后，突然想到要逃跑。

(3) 他并没有考虑逃跑的成败。想到的只是漫无目的地要跑去找美国空军基地。想到雨天夜黑更有帮助，但是认为成功的几率只有 1/500。

3. 其他俘虏对该被告的普遍看法：认为他是个古怪的人，不善与人交往，因此只是在俘虏收容所本所有三四名来自海军陆战队的朋友。

4. 全体俘虏的行为：以前发生的逃跑对其他俘虏的严厉惩罚是有效果的，此人除外。因此，他们害怕再发生逃跑事件。例如，606 号俘虏在 24 点 05 分出去上厕所，回来后发现缺人后立即把情况报告给班组长。鉴于这种情况，可以断定无论是在本所还是在派遣所都没有其他人与之同谋。他们都正常工作。

5. 被告对除逃跑事件以外情况的交代：

(1) 参军的理由：军人需要依照命令行事。除此以外，其他一切都很容易，因为想要过容易些的生活，所以参军。

(2) 参战：作为军人，别无选择。即便是平民，也会参与其中。

(3) 对国家的感受：普通大众被少数资本家利用了。民主主义和自由主义只是讨人喜欢的词藻，而普通大众只是被用作工具。罗斯福也不过是一个讨取大众声望的傀儡。

（4）反英情绪：他不喜欢英国人。他们利用大英帝国的影响压迫别的种族。

6. 上述表述是在犯罪调查现场或在押回途中获得的。这些内容估计是他为减轻刑罚所惯用的伎俩，继而讨好日本人的感受。

7. 俘虏收容所所长意见及处置：被告未使用武力。通常来说，因为要考虑到管理其他未逃跑人员的困难，要对逃跑者处以死刑。但是本案难以依法处以死刑，鉴于该犯还出现一定的精神崩溃的迹象，希望处以最高刑期处罚。

从上述三份报告中不难看出，日军在处置林奇越狱事件的全过程中，极度紧张、高度重视，动用了多方搜索力量，有警察、战俘营看守人员，甚至动用了宪兵队进行搜捕和调查。此外，日军还以林奇“越狱”为由对战俘营内其他战俘施加严苛管教和惩罚。所有这些，都不禁令人联想起不到一年之前发生的那次“越狱”。

1944 年 6 月 6 日，由日本关东军司法部门人员组成的“关东军临时军法会议”，以违反俘虏处罚法的罪名，判处林奇 7 年徒刑。

“我的战俘编号是 610 号，林奇的编号是 607，我们就住在同一个通铺上”，奉天战俘营幸存美军战俘韦佛回忆说。“原本我俩的铺位之间还隔着608号和609号（608号：美军战俘贝恩（Harry M. Baine），1943年1月12日在奉天战俘营死亡；609号：美军战俘萨维奇（Clark A. Savage），1942年12月24日在奉天战俘营死亡——作者注）两个人，可是后来，他们都死了”。就这样，韦佛和林奇的铺位变成紧挨着。韦佛也是海军陆战队队员，成了林奇为数不多的朋友。一直到1944年5月2日，林奇被派遣到第一派遣所，韦佛却依然留在中心战俘营，两人也就此分开了。“后来我再次见到林奇，是10多天以后的一天，看到林奇是被日本人用担架抬回战俘营的，从那以后就再也没有见到他。”林奇被押解回中心战俘营做短暂停留，接受了战俘营的日军审问，从此人间蒸发。

威廉·林奇

自此，林奇就成了一名只在名册上存在的人。每日战俘集体点名时，都会点到林奇的名字。通常被点到名字的战俘要当场

大声报出自己的战俘编号。但是，每次点到“林奇”的名字时，则是由他所在小组组长按照日本人的要求，代为回答“在监狱”。

1945年9月11日，最后一批盟军战俘撤离沈阳前往旅顺军港，并从那里启程回国。美国军方也于同日就林奇未能归队却不知去向一事做出了报告。报告由美国陆军上校斯图亚特·伍德（Stuart Wood）签署，主题为“未与同单位人员获得解救的战俘”，除了就林奇“越狱”经过做了简要陈述外，主要就寻找林奇的经过作了报告，报告中写道：

战俘营司令官日军松田上校：（以松田为线索简介越狱经过和处置经过，得知林奇判刑后可能关押在旅顺日军监狱。详略）

派遣所所长日军安藤少尉：（以安藤为线索简介处置经过，得知林奇被“关东军军法会议”判刑后，可能转押至旅顺日军监狱服刑。详略）

寻找林奇所采取的行动

请求苏军在大连、旅顺和奉天地区展开搜索，重点搜查监狱。苏军官方后来报告称，已经进行了搜查，但是未发现此人。本文件签发人经苏军批准在奉天监狱讯问了奉天战俘营的日军人员，但是未发现林奇的行踪线索。此外，在奉天的所谓的（中国）警察也被苏军要求进行搜查，但是截至目前，本部未接获搜索成功的报告。已经安排一架苏军飞机搭载战俘善后处置工作队的詹姆士 F. 多那万（James F. Donovan）中校、本签署人、俄语翻译和日本向导等一行前往大连及其周边的旅顺。大连地区苏军当局对多那万中校说，大连和旅顺两地都已经进行了彻查，但是未发现任何盟军战俘行踪的线索。鉴于美国舰船已经在大连准备接盟军战俘及在奉天地区的被拘留人员撤离，（日本人在奉天和四平街两地各设有一个平民拘留所，日本人称其为"敌国人抑留所"。拘留所内关押的大都是来自美国、英国、加拿大和比利时等国的外国传教人士。设立在沈阳市内的平民拘留所位于奉天的"奉天俱乐部"内，关押约 40 人。设立在四平市的平民拘留所位于四平天主教堂内，关押 100 余人。——作者注）已经无时间飞往旅顺，事实上，也已无必要。1945 年 9 月 10，苏军普拉图拉将军的秘书向本签署人保证，苏军将立即在所占领的全满洲范围内展开搜查，并将请求苏联秘密警察查找到该人。搜查结果将由苏方报告给美国政府。

除上述情况外，本签署人曾试图找到日军奉天宪兵队队长蒲田（KAMADA）上校，但是被告知该人已经于 1945 年 8 月 19 日随着苏军占领沈阳而自杀。苏军和苏联秘密警察都未能找到日军宪兵队人员供我讯问。

此后，林奇被正式列为战场失踪人员，失踪日期是 1944 年 5 月 18 日。一年后 1946 年 5 月 21 日，美国军方正式宣布林奇死亡，认定林奇是在坚守职责的情况下死于敌方之手，而非其因个人失误所致。

活不见人，死不见尸的林奇，成了奉天战俘营唯一一名失踪战俘。这谜题更是一种挥之不去的痛楚，萦绕在林奇家人的心中，在战俘们的记忆中，绵延至今已经70余年……

林奇的命运同样也是中外学者的牵挂。在采访幸存老兵的口述史研究中，有关林奇的问题一直都是重点话题之一。几年

二战时期日军在华设立的平民拘留所，被拘押人员在宿舍内

来，通过口述史料和文本史料的积累，林奇的失踪之谜也在抽丝剥茧逐渐显露。

自2008年10月起，我与美国专家学者展开国际合作，围绕寻找林奇的下落工作开展研究。期间，通过走访见证人和实地考察，并采用高科技手段进行现场勘察，结合考古学、人类学等相关学科的辅助，寻找林奇遗骸的工作在缓慢中前行。

每一个为和平献身的人，无论他来自哪里，在哪里战斗，都是我们共同的英雄，林奇就是这样的英雄。美军有一句座右铭——“决不抛弃你的战友”，作为反法西斯同盟友，70年后的今天，我们仍不会放弃希望和努力。送英雄回家，是我们共同的责任。

尾声：正义的审判

世界历史可以总结为：当一个国家强大的时候，它并不总是公正的，而当它试图去变得公正时，它就不再强大。

——丘吉尔

1945年9月2日，日本签署投降书，接受《波茨坦公告》所列各项投降条件。这标志着太平洋战争的一切军事行动从法律意义上停息，但也开启了另外一场斗争的局面。这场新的斗争，虽然不像军事斗争那样血雨腥风，但却同样惊心动魄，既有伸张正义的世纪判决，也有影响深远的历史遗憾，充分反映了斗争的复杂性。这场斗争就是，如何践行《波茨坦公告》中关于“惩治战争罪犯”的司法行动。必须指出的是，日本签署投降书确定了日本接受宣言，这从法律意义上为盟国对日本战争犯罪人员进行审判构建了最根本的法理基础。

在战后审判中，将战争犯罪即战犯分列为三个级别。甲级战犯，又称A级战犯，是指在“反和平罪”“战争罪”和“反人道罪”的行为中负有决策、密谋、组织和领导责任的人。以东条英机为首的200名首要战争罪犯被控犯有“反和平罪”“反人道罪”等，列为甲级战犯。他们是日本发动侵略战争和制定战争政策的元凶，因其所犯战争罪行涉及多个受害国，由远东法庭依法审理。远东法庭在审理中认为“反和平罪”是“最大的国际罪行”，是“包括全部祸害的总和”的罪行。

乙级和丙级战犯，又称B级、C级战犯，是指在虐待俘虏和屠杀平民等“普通战争罪”（违反交战法则）的罪行中负有责任的人和有犯行的人。按照盟国间的协议原则，B级、C级战犯分别由各受害国审判。因此，除在东京进行的远东国际军事法庭对日本甲级战犯进行审判外，盟国在中国北京、上海、南京和沈阳香港等地，以及马尼拉、新加坡、仰光、西贡、伯力等地共设立49个审判日本战犯的军事法庭，对被控犯有“战争罪”和“反人道罪”的乙、丙级战犯进行审判。据统计，在各军事法庭被起诉的甲、乙、丙级日本战犯达5730人，被判刑者4429人，其中被判处死刑者991人。

以中国国民政府对日本战犯审判为例，从1945年年底开始，中国国民政府先后在北平、上海等10个城市成立军事法庭。1945年11月6日，中国国民政府成立了“战争罪犯处理委员会”。从1945年8月到1947年5月，中国各地共逮捕日本战犯2357名。并在10个城市设立了日本战犯拘留所，关押待审的日本战犯。从1945年12月16日至1946年5月1日，先后在北京、沈阳、南京、广州、济南、汉口、太原、上海、徐州、台北10个城市，共设立了10个专门审判战犯的军事法庭，共判处871名战犯，死刑147人，终身监禁83人，有期徒刑276人，判处无罪365人。

中国战犯审判结果表

量刑 法庭	死刑	终身	有期	无罪	总计
汉口	7	19	23	102	151
北京	28	11	34	39	112
广东	48	21	47	55	171
沈阳	23	5	28	80	136
南京	8	2	16	11	27

续 表

量刑 法庭	死刑	终身	有期	无罪	总计
济南	9	1	8	6	24
徐州	8	3	11	3	25
上海	13	21	88	61	183
台北	1	0	17	3	21
太原	2	0	4	5	11
共计	147	83	276	365	871

1946年年初，美国中国战区组建军事委员会，即军事法庭，从1946年1月至9月间在上海对10个案件的共48名日本战犯进行审判，共计判处死刑6人、终身监禁9人、有期徒刑28人、无罪5人。其中以虐待战俘罪起诉奉天战俘营的松田元治和桑岛恕一的案件，在上海华德路监狱进行。

审判松田元治和桑岛恕一的军事法庭，是根据驻华美军南京总司令部1946年8月20日命令之特别命令第137号组成，该命令第8条规定，遵照战争部1946年7月3日致南京总司令部司令官的WAR93445号电文的授权，组成军事委员会，对被指控为战犯的人员进行审判。法庭组成人员来自美军陆军和军法部等部门的人员。其中陆军丹尼尔·H. 麦伦（Daniel H. Mallan）上校任委员会主席，即庭长，其他法庭组成人员包括詹姆士·B. 里尔（James B. Leer）中校、C. 拉德福德贝里（C.Radford Berry）中校和弗雷德里克·W. 斯戴尔沃特（Frederick W. Stairwalt）中校。起诉任务由威廉·J. 富勒尔（William

沈阳战俘营日军司令官松田元治（中）在盟军官兵的看押下。图中左一为“北美红雀行动”救援队员木户文雄（日裔美国人，日语翻译）、美军战俘帕太克（战俘编号695）（左二）

J. Fuller Jr.）少尉执行，担任起诉人，即检察官。辩护工作由瑞芒德·A.科尔比（Raymond A. Kirby）中尉执行。军令指令军事委员会由主席召集在中国上海集合，并批准军事委员会可以雇用或指派其认定为适合的译员、速记报告员及其他助理人员。

上述军令强调指出，为切实保证能够对人员、单位和组织全面公正地进行审判，该委员会将遵照主题为“战争犯罪被告人审判规则”的美军中国战区总司令部（1946年1月21日）AG000.5号命令函的有关条款，有权且可以根据情况需要制定执行审判进程的规定。委员会主席认定对适当人等具有证明价值的证据，以及与该委员会审理的诉讼内容相关的决定性证据，可予以收列。对于定罪判罚或判决需要至少2/3的在场委员会成员同意。审判记录，包括任何裁决或判决，将直接交由总司令部由最高军事长官批准并指示具体行动。

从1946年9月5日到1946年9月16日共11天的法庭审理期间，法庭共收录副本证据7项，起诉方即检方证据35项，其中包括温莱特将军等多名前日军奉天战俘营战俘提供的书面证据，并进行了多项庭上直接质证和辩方动议，包括美军战俘加格奈特等多人出庭作证。1946年9月16日军事法庭作出判决。1947年1月18日，美国驻华军事顾问团法务参谋办公室对此审判记录进行了复核，并呈送美国驻华军事顾问团最高长官报批。

该复核报告的第一部分根据庭审记录，重点就2名被告人的身份、被指控的犯罪事实，以及当庭判刑、被告认罪与否等情况进行了汇总，内容如下：

a.（1）松田元治（见证据副本＃5）

指控：从1942年12月至1945年8月间，即日本与美国及其盟国处于交战状态期间，日本帝国陆军上校松田元治作为满洲奉天辖内的日本战俘营指挥官，非法蔑视且未履行其职责，未对被关押在该战俘营的美国战俘给予他们所应享有的待遇和保护（且非法未能制止其下属人员对当时羁押在该战俘营的美国战俘施行残酷暴行和其他重大罪行，从而造成大量美国战俘死亡和长期患病），违反战争法则。

犯罪事实：（概述）

1. 未能提供足够的食物、衣服和鞋子，以及供暖和住宿条件。

2. 未能提供充足的药品，尤其是治疗痢疾和维生素缺乏症的药品。

3. 未能提供适当的医疗护理。

4. 未能制止其属下人员施行惨无人道的殴打和其他暴行。

5. 未能制止其下属人员多次在零度以下气温的情况下对美国战俘进行搜查，并致使他们在穿着单薄或完全不穿衣服的情况下暴露在寒风中。

6. 造成或允许许多美国战俘被禁闭长达不合理的时间。

7. 未能提供必要的牙科和眼科治疗。

8. 造成或允许实施多起集体管制和处罚。

9. 准许桑岛恕一对美国战俘托马斯·加格奈特中士（当时为下士）施加残酷殴打和折磨，殴打踢打其头部和躯体，并对其施以水刑（远东国际军事法庭对日军使用的水刑的定义：这是日军惯用的刑罚手段之一，受害人被禁锢或固定卧姿，通过嘴或鼻将水灌到胃或肺里直至昏迷；然后再踩压肚子让水从口鼻流出，如此反复加害。——作者注），并将其湿漉着投入禁闭室，不提供供暖、水、食物或寝具。

10. 未能防止该战俘营的医务官通过迫使战俘光脚站在冰雪中并围着操场跑圈而对病患进行刑罚。

11. 未能让美国战俘知晓该战俘营林林总总的规定，导致其下属人员殴打继而残酷刑罚那些所谓违反这些规章制度的美国战俘。

12. 违法未能避免3名逃跑的战俘被非法执行枪决。

13. 未能就战俘营作出可避免遭到空袭的标示，未能给美国战俘提供防空设施保护其免受空袭攻击。

14. 未能就战俘营收到的国际红十字会药品物资的分发做准备。

15. 未能按照《日内瓦战俘公约》对美国战俘予以待遇。

(2) 桑岛恕一 (Kuwashima)，又名 Kawajima (见证据副本# 6)

指控：从 1942 年 12 月到 1944 年 10 月，即日本与美国及其盟国处以交战状态期间，日本帝国陆军上尉桑岛恕一 (Kuwashima)，又名 Kawajima，作为满洲奉天辖内的日本战俘营的医务官，非法蔑视且未履行其作为医务官的职责，故意违法对该战俘营的美国战俘实施残忍的、非人道的和残酷的暴行，从而导致大量美国战俘死亡和长期患病，违反战争法则。

犯罪事实：(概述)

1. 未能提供治疗痢疾和维生素缺乏症所需要的药品。

2. 拒绝战俘医务人员使用医院设施而未能给美国战俘提供适当的医疗护理。

3. 迫使许多美国战俘在零度以下气温的情况下，穿着单薄或完全不穿衣服的情况下接受检查。

4. 迫使许多病患美国战俘光脚站在冰雪里并迫使他们围着操场跑圈，以此用作所谓的疾病诊断。

5. 未能提供广泛使用战俘营已经接收的国际红十字药品。

6. 未能给托马斯·加格奈特中士（当时为下士）及其他战俘因视力衰退所需的医学治疗和眼镜。

7. 用刀鞘和拳头凶残殴打托马·斯加格奈特中士，踢打他并对他施以水刑，并未经审判在极其寒冷的天气下，将其投入禁闭室，其衣服还因为遭受水刑后依然湿漉着，长达两天的时间里不提供食物、水或寝具。

8. 为爱德华·克雷下士手术时未能提供足够的麻醉剂并对该战俘击打和虐待。

b. 二被告抗辩：无罪（庭审记录第 7 页）

c. 事实认定：关于松田元治。指控有罪，“且非法未能制止其下属人员对当时羁押在该战俘营的美国战俘施行残酷暴行和其他重大罪行，从而造成大量美国战俘死亡和长期患病”表述部分除外。除外部分，无罪。(庭审记录第 187 页)。关于桑岛恕一。指控有罪，“许多”表述除外。除外用词，无罪。(庭审记录第 187 页)

d. 判决：松田元治：重劳役监禁 7 年，服刑地点由审核部门指定。(庭审记录第 187 页）桑岛恕一：绞刑死刑，执刑地点由审核部门指定。(庭审记录第 187 页)

e. 最高刑罚：由军事委员会指定。

f. 召集人：南京司令部司令官 A.C. 吉列姆中将

g. 审判地点：中国上海华德路监狱法庭

h. 审判时间：传讯：1946 年 9 月 5 日；交集动议：1946 年 9

月5日；审判：1946年9月5日至1946年9月16日（庭审记录第1、198页）

i. 初期评语：

(1) 遵照南京司令部1946年8月20日发布的第137号特别命令的第8自然段的命令，委任组成军事委员会，审判那些被指控为战犯的个人、单位和组织，并在审判完结后将审判记录，包括所作裁决或判决直接交至本司令部由委任当局采取行动（证据副本第1号）。根据1946年8月20的转送函件，对二被告的指控书经由法务参谋转交南京司令部司令官（证据副本＃2）。在上述委任的军事委员会组成前，南京司令部司令官指令在1946年8月20日签发的首次批准书上曾指令对这些指控进行同案审理。

(2) 随着南京司令部于1946年10月28日撤销，战争部于1946年12月5日以WCL34366号无线电报授权军事顾问团团长审核、批注并下令执行判决，包括执行由南京司令部司令官委任的军事委员会裁定的死刑判决。

(3) 初期调查和现在的审判记录都表明，有其他日本人员也关涉本案被告所犯罪行。一名叫做三木遂的前日本帝国陆军上尉已有美军中国战区司令官委任的军事委员会，并于1946年3月14日判处25年重劳役监禁徒刑，该判决已由美军中国战区司令官批准。松田元治属下的其他曾亲自参与殴打虐待美国战俘的人员，即石川上尉、村田中尉、安藤中尉以及宫岛中士并未受审，因为本案开庭时尚未俘获拘捕上述人等。

该报告第二部分重点简述了控辩双方的证据和质证情况，既充分梳理了各方证据，也充分体现了法庭在处理收录控辩双方证据的合理程序，体现了法庭在保证审判公平公正方面所做的努力。有关内容摘录如下：

a. 起诉方证据：

(1) 松田元治：1942 年 11 月 11 日，1202 名美国战俘到达奉天（审判记录第 15 页），1942 年 12 月和 1943 年 2 月另有 126 人抵达。1942 年 12 月 2 日，松田元治上校赴任战俘营指挥官（审判记录第 16 页）。最初时的战俘营即奉天（Mukden：旧时英语对奉天的称谓——作者注）战俘营位于沈阳城区北端，直至 1943 年 7 月 29 日。第二个战俘营称作奉天（Hoten：旧时日语对奉天的称谓——作者注）（本书采用初期的战俘营和新址战俘营对同一名下的不同地点加以区分——作者注）战俘营，位于沈阳城区东部。1944 年夏，3 个派遣分所在沈阳辖区内设立，即第一、二和三派遣所（审判纪录第 24 页）。最初的战俘营由 20 到 30 个木板营房构成，每个营房宽约 20 英尺、长约 120 英尺，内住大约 60 到 90 人（审判记录第 16、80 页）。每个营房有 3 个炉子，但是未能提供足够的燃煤以保证适宜的供暖（审判记录第 80 页），尽管在沈阳有大量的燃煤都在日军掌管之中

（审判记录第 17 页）。卫生条件恶劣，提供的厕所不清洁（审判记录第 36 页）。

第一个战俘营的医院也是由木板营房构成，且设备不充足。医院里的病患不得不从床上起来，走过冰冻的地面去上厕所。1942 年 12 月 2 日，在医院里有大约 240 名重患，而且 1942 年 12 月间有多达约 700 名战俘就诊（审判记录第 18、58、59 页）。1942 年 12 月死亡美军战俘人数达到 53 人。1943 年，以松田为指挥官的两个战俘营共病死战俘 83 人，死亡数据有所下降，从 1 月的 42 人到 12 月的 1 人(审判记录第 19 页)。痢疾、脚气病、肺炎和白喉是普遍的致死疾病（审判记录第 25 页）。

为战俘提供的食物严重不足（审判记录第 18 页），很多人在初期的几个月都抱怨饥饿。至少有 30 条狗被战俘猎杀吃掉了（审判记录第 19、84 页），还有一些蛇（审判记录第 84 页）。给战俘提供的饭食与在医院的病患战俘的饭食一样，内容如下：1 个面包，每日 3 次；早上水煮玉米粉加少许盐。午饭，一碗白菜、玉米、少许蔬菜，后来还有了大豆汤。晚上的餐食和午饭相同（审判记录第 83 页）。

新址战俘营由供战俘使用的三座二层楼营房、一个医院、一个厨房、水房、浴室、集合大厅和其他日本人使用的建筑组成。战俘营的四周由 14 英尺高的砖墙所围拢，设有电网。在这里同时住满的人数未曾超过 900 人（审判记录第 38 页）。松田每月至少视察一次战俘营和医院（审判记录第 24 页）。

1943年的秋冬间，营房十分寒冷，但是直到11月11日才允许生火。走廊、厕所和洗漱间的供暖不足，室内的墙上和棚顶结满厚厚的冰层。日本人的命令还要求在地板上洒水，使得室内十分潮湿（审判记录第39页）。营房满是跳蚤和虱子，直到1944年4月16日才采取了灭虱措施（审判记录第40页）。

美国战俘人员曾多次要求松田上校为战俘提供牙医治疗，但是遭到拒绝。

许多战俘到满洲工作机械株式会社劳役，该处生产机床和飞机零件。对于被迫生产飞机零件，战俘们提出抗议，但是遭到蔑视。

有一份由约18名美国军官签署的报告（起诉证据＃1），明确指称，有大约15000封信件早在1943年后期就到达，直到1945年8约17日才送到战俘手中，而且大部分战俘就连在获准件数内的邮件也不能发送。应该享有的食堂权益从1943年8月1日至1945年8月17日间遭到拒绝，而且文娱设施的正常使用也从1943年3月27日至1945年8月17日间遭到拒绝。从1942年11月11日到1945年4月27日期间，只允许举行过不超过10次的宗教礼拜活动。许多战俘未经审判就被关押在禁闭室，时间长达超过30天以上（审判记录第50页）。

1944年早些时候，没有新鞋替换已经穿破的鞋子，到了1944年10月5日，有135人完全没有鞋穿，只有自己动手做的凉鞋（审判记录第50页），可是，1944年10月5日，发放了500双美制军鞋，而这些鞋早在1944年5月27日前后就已经通过国际红十字渠道送到（审判记录第52页）。

日本人从未公布清晰的战俘营规章条例给战俘以指导，因此导致许多战俘违反了对其一无所知的规定，因此遭受处罚（审判记录第55页）。

1943年6月21日，3名战俘逃跑，并于1943年7月5日再度被逮捕。松田宣称逃跑者将受到严厉处罚，作为这次逃跑事件的结果，整个战俘营也将受苦。3名逃跑者所在的3个营房被要求整日静坐，时间长达一周到十天（审判记录第30页）。

一些战俘被关押在禁闭室时间有从3天到30天之久，而且，有五六名战俘被松田下属的人员三木中尉殴打后，关入禁闭室，时间从1943年7月9日至1943年10月28日。所有的正式处罚均是在松田的人员调查和不断严刑拷问后，由松田首肯（审判记录第31、32页）。1943年7月31日，宣布三名逃跑者已经被枪决（审判记录第32页）并被埋葬在奉天战俘墓地（审判记录第33页），枪毙是根据军事法庭的判决执行的，该法庭不在松田的指挥和管控之内。

1944年12月7日，在战俘营发生了首波次空袭轰炸。所有战俘都集结在营房的一楼楼内，而且不允许离开楼房。1944年12月7日前，已经为日本方面的人员提供了防空掩体，但是未对战俘提供保护。首波次空袭投弹过后，所有战俘被命令到户外的操场上卧倒。结果这次空袭造成17名战俘死亡以及其他

30人受伤。日本人没有在此次空袭中死亡。发生此次空袭前，战俘们就已经提出要求修建防空掩体（审判记录第48、87页）。此次空袭后，允许战俘修建掩体并提供了工具（审判记录第56页）。松田从未命令对战俘营和医院加以标示，标明此处关押有战俘（起诉证据＃30）。

殴打：如下人员对战俘施加过殴打，是松田的下属人员：

石川上尉，是松田手下的二号人物，殴打过大约20名战俘（审判记录第27页）。

村田中尉，虐待两名医务官并残酷殴打两名士兵（审判记录第27页）。

安藤中尉，是战俘营监视官，曾用拳头殴打两名战俘。在另外一次场合，他命令全体战俘在雪地里站立约一个小时的时间，不许穿着大衣，为的是指认一个违反战俘营规定的战俘（审判记录第28页）。安藤还有其他一些虐待行为（起诉证据＃21）。

三木中尉，1942年11月11日至1943年12月（审判记录第27页）任监视官，用一根约3英尺长的2X2（英寸）粗的棍棒殴打一名战俘，被殴打后的战俘神志模糊，大约一个月后死于肺炎（审判记录第83页）。这些殴打情况在三木所作的陈述中予以承认（起诉证据＃19）。起诉证据＃20也举证了三木实施的殴打情况。

日军宫岛中士，于1944年12月18日将美国海军战俘里尔顿打倒，指称他偷了灯泡，用脚跟踢伤他的脸（起诉证据＃21）。

（2）桑岛恕一（Kuwashima），又名 Kawajima。从 1942 年 12 月 7 日后，担任战俘营的医务官并负责医院（审判记录第 16、41 页）。

1943 年春，有一组战俘报请就诊，桑岛或他的助手让他们围着操场跑步直到体力耗尽倒地（审判记录第 82 页）。另有一次，桑岛用手诊断战俘是否发烧，手上还戴着手套（审判记录第 90 页）。

整个冬天里，每 7 或 8 天桑岛都要在室外对在工厂劳作的战俘进行一次视察，其间在极其寒冷的天气里强迫他们脱去衣服和鞋（审判记录第 43、44、84 页），导致发生冻伤（审判记录第 45 页）和肺炎（起诉证据＃ 24）。这些检查经常要持续 30 到 40 分钟，每次有大约 400 名战俘接受检查（起诉证据＃ 23）。有一名战俘的两个脚趾不得不被截肢，就是因为被要求赤脚站在雪地里接受检查而冻伤（起诉证据＃ 30）。

1944 年 1 月 18 日，有 8 到 10 名战俘在集体就诊时摔倒，其中有 3 个人是脚趾冻伤，脚趾末端变黑。桑岛要求他们脱去袜子，然后赤脚站到一块冰上，当时气温低于零下 21 摄氏度，然后他说，根本就没有冻伤这种事（起诉证据＃ 26）。

1944 年 1 月，首批国际红十字会的救济药品抵达战俘营并由日本人负责掌管。在此之前，战俘得到的药品量少质差（审判记录第 40 页）。第二批国际红十字会药品于 1944 年 5 月晚些时候运来，而这些药品到 8 月晚些时候才开启包，1944 年 9

月才开始首次发放这些药品，直到1944年11月25日才允许战俘军医使用。这些药品拆开包装后一直由桑岛掌管，直到他于1944年11月1日离开战俘营（审判记录第41页）。从1944年6月30日到1944年11月24日期间，战俘军医们被桑岛拒绝进入战俘营医院。同时还发现，在桑岛主管战俘营医院期间，日本卫生兵曾盗用国际红十字会药品（审判记录第42页）。

战俘爱德华·S.考雷中士在禁闭室关押了31天后，阑尾炎发作，3天后被送进战俘营医院就医，桑岛协助手术。手术结束前，麻醉的效力已过，但是桑岛拒绝再给麻药。每当战俘呻吟的时候，桑岛就打他并说："不许说话。"手术后，桑岛还要求他自己从手术台上爬下来到担架上去（起诉证据＃25）。

不允许战俘军医有足够的药品可用，尽管战俘营里有红十字会的药品，但是，直到1944年11月25日，日本军医大気替换桑岛之前，都不许战俘军医使用。1944年2月15日，战俘布利斯特中士在满洲工作机械株式会社受伤。桑岛只给了少量血浆，而印刷在包装袋上的保质期是1935年。布利斯特中士死亡。如果有足够的药品，布利斯特可能还有救（起诉证据＃28）。

战俘托马斯·加格奈特在桑岛到来负责医院之前曾经接受过日本人给予的眼疾治疗，自桑岛到来后便没有再给任何药物，尽管他也曾经向桑岛申请过药物（审判记录第81页）。加格奈特现在的视力低于20/200，按照美军分级被定为盲人（审判记录第79页)。

1944年10月，战俘托马斯·加格奈特被指控喝了酒精。桑岛掌掴了他，又刀鞘击打他的头和脖子。他被捆绑在了一个椅子上，用毛巾缠绕住嘴和鼻子，然后往嘴和鼻子里灌水。他全身湿透，然后松了绑，被带回到禁闭室，但是没有给予食物、毯子或寝具(审判记录第85页)。大概6天后，桑岛来到禁闭室，此时加格奈特还在被关押，桑岛用拳头击打加格奈特的头部直至他昏厥。加格奈特醒过来后，发现桑岛还在踢他。加格奈特的脸部肿胀，眼部发青。后来在1945年冬季晚些时候，每次感冒他都要流鼻血。在被关押在禁闭室期间，前两天他都没有食物和水，而且直到被正式处罚前都没有给寝具。禁闭室非常寒冷，起初也没有供暖。加格奈特被判罚的过程时，他来到松田上校面前向他敬礼，再由上校宣布指控内容，然后进行判罚(审判记录第86页)。

日本同意遵守日内瓦红十字公约并对关于战俘问题的《日内瓦公约》予以准适用。

b. 辩护方证据

松田元治称他直接向关东军总司令负责（审判记录第126页)，并称医药用品可以以他的名义从日本人的医院那里获得，战俘营的医生负责估计所需要的药品，然后由松田照此申请获取。他说桑岛负责对战俘进行医疗照护（审判记录第132页)。松田提请上级医务机关前来视察战俘营以便改善条件，并在这些视察后做了一些改进（审判记录第 131 页）。

松田每周六都对战俘营的局地进行视察（审判记录第 132 页），而且他从未发现有任何虐待战俘的行为，且特别命令不许虐待任何人。他还告诉属下需要尽一切可能善待战俘，任何时候不许对他们进行踢打（审判记录第 133 页）。

松田无任何权力或权利指派军事法庭对 3 名逃跑战俘进行审判，因此与审判他们的法庭无关联（审判记录第 137 页）。

1944 年积雪开始融化的时候，松田对战俘宣布将要修建防空掩体（审判记录第 138 页），但是宣布后，林少尉向松田报告说，战俘们不让修建防空掩体，因为这样就要破坏操场，会因此干扰他们打垒球的活动，这就是 1944 年 12 月 7 日发生空袭时没有建成防空掩体的原因（审判记录第 139 页）。后来，松田在医院住院期间，关东军司令造访战俘营，在听取了松田关于修建防空掩体的建议后，他告诉当时负责战俘营的石川上尉说，没有必要修建防空掩体（审判记录第 139 页）。

1945 年 5 月后，为战俘提供的食物数量和质量都有减少和降低，但是这主要是由于当时所普遍发生的食物短缺，也就是说因为日本人实际上也不能像从前一样进行采购了。而此前大约一年半的时间以来，奉天的普通民众也不能买到肉或鱼（审判记录第 143 页）。松田断言，与普通大众所要经受的情况相比，战俘营的战俘远更为幸运（审判记录第 144 页）。

松田在赴任奉天战俘营司令官之前，从未有过任何与战俘相关的经验。他未曾受到任何有关战俘待遇方面的指示，只是按照军部提供的相关规定以及俘虏派遣规定行事（审判记录第146页）。松田还将一小盒个人药品交付大気中尉为战俘降烧使用（审判记录第156页）。

桑岛恕一未出庭质证，但是已经提交其陈述并被列入证据（起诉证据＃14）。

报告第三、四、五部分主要是庭审程序上围绕交集质询、讨论、宽恕方面的内容，此略。报告的第六、七和八各部分就复审意见、建议和报请内容给出了具体意见，并就此呈报。现摘录如下：

六、意见

本办公室的意见为：

a. 本军事委员会组成合法。

b. 该军事委员会对当事人及犯行具有司法权。

c. 证据支持所查证的犯罪事实。诚然，虽然与严格的指导军事法庭案件的条例相比，审理战犯案件的程序对于接受证据给予了军事委员会更加宽泛的处理权限，但是也注意到的事实是，战争犯罪的侦查和取证会更加困难，因为敌方有能力隐匿或销毁最佳证据。那些指导本审判以及允许本委员会将“有助于证明或排除指控罪行，或本委员会认为对适当人等具有证据价值的”的东西收录为证据的条例，在最近美国最高法庭审理山下奉文的案件时得到实质性坚持（66号最高法庭340）。

d. 本审判记录未见有不公正地影响被告基本权益的错误。

e. 判决合法。

七、建议：谨据此建议，对判决予以确认并执行。

八、行动：上述建议如获批准将付诸实施，谨呈报。

1947年1月27日，美国驻华军事顾问团团长卢卡斯将军签署批复，对松田元治的判决刑期予以批准，并指示在最终确定松田元治的服刑地点前，由上海华德路监狱代为临时监管其在此服刑。松田元治后被押送回日本巢鸭监狱服刑。1947年1月27日同日，卢卡斯将军批复了对桑岛恕一的死刑判决并指示对死刑判处予以执行，仍指定在上海华德路监狱行刑，由华德路监狱美国监区监狱长负责监刑。1947年3月1日，桑岛恕一在上海被执行绞刑。

奉天盟军战俘营以高度专业化、高死亡率和高级将领战俘在押为特征，是日军实施以战养战策略的结果，日军将战俘用作人力资源维系侵略战争，并试图以高官战俘为人质资本负隅顽抗。高官战俘羁押地的确立反映了日军企图以已经占领多年的中国东北为“后方”进行侵略战争的企图，并长期占领“满洲”的战略规划。

奉天盟军战俘营是对日军践踏国际准则、违反人道主义的

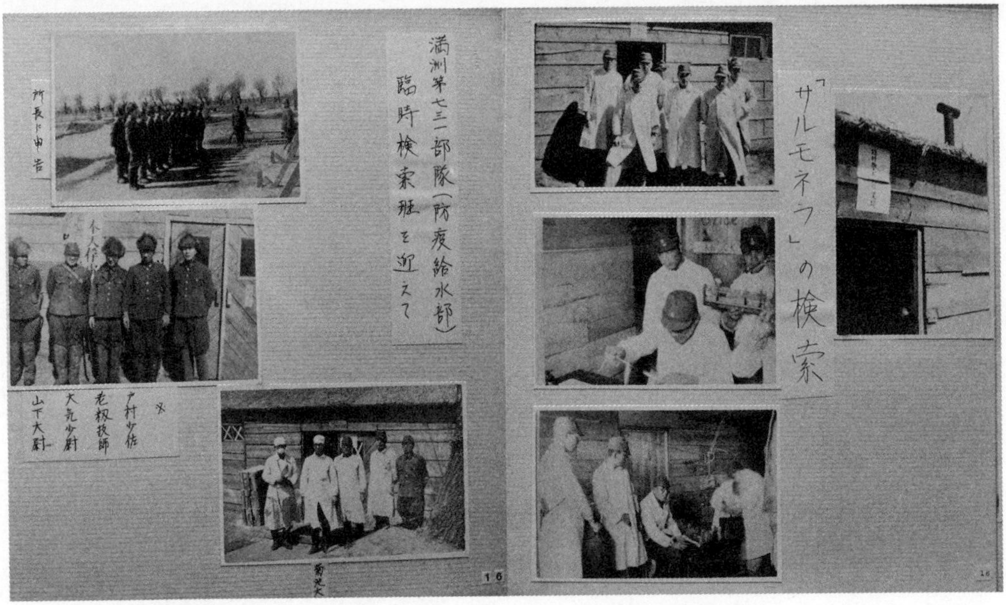

战俘营日军军医桑岛恕一遗存相册，相册中明确标注“731 部队”字样

国际公约和所犯战争罪行的记载，为当代人对这一史实的认识和评价提供了事实基础，为全面认识太平洋战争提供了一个新的视角。这段历史让我们更为全面地认识战争中正义与非正义的较量，人性的光辉与战争的残忍的碰撞。以日军的残暴和盟军战俘的生命和苦难所书就的这份人类历史上前所未有的丑陋的一页，不仅是二战日军所犯战争罪行的铁证，也该是人类勿忘历史、珍视和平、反对战争的铭心刻骨的警示。这样的历史呈现以其真实和深刻直逼心灵，它促使我们反思当下的风云变化。铭记历史，展望未来，我们有责任对战争进行理性的认识与反思，共同维护人类未来的福祉。

奉天战俘营大事记

1942年10月20日—11月1日 10月20日战俘营开始组建。31日，“奉天临时俘虏收容所”在奉天独立守备步兵第一大队内编组完毕，首任战俘营司令官松山季友，上校军衔。11月1日，“奉天临时俘虏收容所”进驻北大营营区。

1942年11月11日 1500名英美战俘抵达奉天。第一落脚点为原中国东北军驻地“北大营”。美军战俘从菲律宾乘地狱之船“鸟取丸”经台湾抵达朝鲜釜山，后改乘火车经中国安东（今丹东）入境抵达奉天。美军战俘代表即最高军衔者为斯坦利·翰金斯少校，英军战俘代表为罗伯特·皮蒂少校。

1943年2月 自战俘抵达后，开始爆发疫情，并导致大批战俘死亡。1943年2月1日13时，关东军总司令向关东军军医部长下达极密作战命令“关总作丙98号命令”，紧急调派关东军731防疫给水部队人员进驻战俘营就疫情和防疫展开调查和处置。13日，731部队人员抵达战俘营进行防疫作业。该作业团队被称作“临时检索班”，又称“白衣团”。

1943 年 3 月　掩埋 176 名死亡战俘。截至 3 月底死亡 199 名战俘，美军战俘死亡录高达 17%。

1943 年 6 月 21 日　3 名美军战俘“越狱”。他们是 1125 号战俘麦林格勒、444 号战俘帕里奥蒂、516 号战俘查斯坦。在经过长时间的精心准备后冒着丢掉性命的危险，趁着夜色的掩护割断战俘营的铁丝网“越狱”出逃，朝奉天西北约 950 公里外的中蒙（苏联方向）边境逃跑。因此受到牵连的中国工友高德纯被以“反满抗日”罪名判刑 10 年入狱。

1943 年 7 月 6 日　3 名越狱战俘最终在内蒙古科尔沁左翼后旗两家子村被再度逮捕押解回奉天，并被带回战俘营审讯。

1943 年 7 月 29 日　战俘营搬离北大营临时处所，迁至新建的位于奉天大东区兴民街 1 段 38 号北（今沈阳市大东区青光街 7 号）的永久性战俘营，其设计收容量为 1500 人，占地面积 49301.5 平方米，建筑物占地面积 9983.7 平方米，战俘营房建筑面积 7636.5 平方米，总建筑面积 13730.7 平方米，营房等战俘使用设施总建筑面积 11550 平方米。战俘营内共设有 3 栋二层监舍楼房、1 栋二层楼房的医院以及战俘厨房、日军司令部和日军看守营房等各自独立的砖瓦结构建筑共计 19 处。

1943 年 7 月 31 日　日本关东军临时军法会议于 1943 年 7 月 30 日以盗窃、杀人和杀人未遂等罪名判处 3 名越狱者死刑。31 日 3 人被日军枪毙。

1943 年 11 月 13 日 国际红十字会代表首次获准视察战俘营。国际红十字会的视察报告显示，截止到访当日，奉天战俘营在押战俘人数为 1274 人，其中英军战俘 84 人，澳大利亚战俘 16 人，美军战俘 1174 人；战俘中军官 23 人，士官 545 人，士兵 706 人，年龄最大者 57 岁，最小的 21 岁。此次视察中，国际红十字会才首次获知 3 名战俘被枪决的消息，而此前从未从国际联络渠道获知此事。1943 年 12 月，美国政府紧急寻求官方确认信息，但是直到 1944 年 6 月才经过瑞士方面得到确定的答复。

1944 年 5 月 2 日 奉天俘虏收容所第一派遣所设立，地点位于奉天铁西区“满洲皮革株式会社”，关押战俘 150 人，时任司令官是三浦中尉。该所直至 1945 年 8 月 15 日关闭，时任司令官为井上泰光少尉。

1944 年 5 月 24 日 150 名美国战俘被转送到日本神冈战俘营。这些人被视为不好管理的人，送到条件更为艰苦的地方以示惩罚。

1944 年 6 月 24 日 奉天俘虏收容所第二派遣所设立，地点位于奉天大西区“满洲帆布株式会社”，在押战俘 180 人，时任司令官为深泽中尉。该所于 1945 年 8 月 15 日关闭，时任司令官为藤泽 藏中尉。

1944 年 8 月 15 日 奉天俘虏收容所第三派遣所设立，地点位于奉天铁西区“中山钢业所”和“东洋木材株式会社”，在押战俘125名，时任司令官为林少尉。该所至1945年8月15日关闭，时任司令官为安东猛虎少尉。

1944年10月14日 奉天俘虏收容所第一分所设立，地点位于四平省郑家屯（今吉林省双辽市），至1945年5月21日关闭，时任司令官为清宫中尉。期间主要关押354名盟军军官战俘。第一分所关闭后，所有在押军官战俘都转押到位于奉天的“奉天俘虏收容所本所”。

1944年12月1日 奉天俘虏收容所第二分所设立，地点位于四平省西安县，关押盟军高级军政要员战俘及随员共34人。时任司令官为丸井正中尉。军政要员包括代表各国最高军阶的高级和政要，分别是美国的温莱特中将、爱德华·金少将和摩尔少将；英国的帕西瓦尔中将、希斯中将；荷兰的塔尔珀顿中将、巴克中将、范利斯少将；以及印度红十字专员麦克雷（退役英军少将）、香港总督杨慕琦、马来联邦和英属海峡殖民地总督汤姆斯、英属北婆罗洲总督史密斯、荷属东印度总督斯塔夏麦尔、苏门答腊总督斯皮茨、英属海峡殖民地大法官麦克艾尔文和马来联邦大法官杜鲁蒂。

1944年12月6日 国际红十字会代表获准第二次视察奉天战俘营，到访的国际红十字会代表为安哥斯特（Angst）。

1944年12月7日 正值日本偷袭珍珠港3周年，美国陆军第20轰炸机航空队共出动了108架B–29执行轰炸奉天日军目标的任务。按照这次轰炸的计划，80架飞机参与轰炸主目标，即奉天东关地区的“奉天造兵所”“满洲工作机构株式会社”和可月产180台航空发动机的“满洲飞机制造厂奉天工厂”等日军战略目标，10架飞机负责轰炸主要目标附近的一个铁路货场，另外一些飞机则轰炸火车站货场。由于B–29的飞行高度较高，日军的地面防空炮火已经无力阻拦空袭的美军飞机。于是，日军从分设在沈阳周边的奉集、于洪等地的机场先后出动了50架战斗机升空作战，对美国空军的轰炸机进行了疯狂的自杀式空中拦截和攻击。其间，两枚炸弹击中战俘营，造成19人死亡，35人受伤。

1944年12月21日 美军再次从中国昆明出动了19架B–29飞机，继续轰炸奉天的日军军事目标。在7日和21日的两次空袭行动中，共有14名美军飞行人员跳伞生还，后被日军俘虏。其余85名机组人员全部牺牲。

1945年2月 战俘营副官石川大尉、战俘营军医桑岛恕一先后撤离奉天。

1945年4月29日 134名战俘经日本抵达奉天战俘营，其中有103人是地狱之船“鸭绿丸”号的幸存者。1944年12月14日，日本运送战俘的“鸭绿丸”未做任何识别标示，遭到美军攻击，船上1619名战俘仅有374人幸存。

1945年5月20日 位于郑家屯的奉天战俘营第一分所关闭，全体在押军官战俘转移至奉天战俘营本所。

1945年8月5日 新任国际红十字会驻东京代表马绍

尔·朱诺前往东京赴任途中经停奉天，视察奉天战俘营。

1945年8月6日　朱诺前往位于西安县的第二分所视察，得以见到关押在那里的温莱特等军政要员战俘。

1945年8月16日　美军中国战区司令魏德迈将军下令执行战俘营救援行动。赴沈阳战俘营执行救援的“北美红雀”行动一行6人于当日乘B–24“解放者”飞机飞抵沈阳，跳伞后展开战俘营救援行动。“北美红雀行动”的队员分别为：队长，翰纳西少校、拉莫尔少校（医生）、斯塔兹（通信兵）、雷斯（中文、俄文翻译）、木户文雄（音Fumio Kido）（日语翻译，日裔美国人）和程施吾（音ChengShiwu）（中文翻译，中国军方派送人员）。

1945年8月18日　美军飞机在沈阳低空飞行，投放美军中国战区司令魏德迈将军致盟军战俘和平民拘留人员的布告，告知日本已经投降。营救队员拉莫尔和雷斯乘火车前往西安县营救军政要员。

1945年8月19日　苏联红军先头部队进入沈阳。

1945年8月20日　苏军外贝加尔方面军军委会委员A.N.特沃申科将军、A.D.普里图拉将军和G.L.土曼扬将军一行到达奉天战俘营，正式宣布战俘营解放。

1945年8月24日　首批29名重病患战俘乘B–24飞机紧急撤离沈阳。

1945年8月26日　温莱特将军等军政要员被从西安县战

俘营解救到沈阳。

1945 年 8 月 27 日　温莱特将军、帕西瓦尔将军等军政要员和病患共 35 人乘飞机撤离沈阳。

1945 年 8 月 29 日　以多纳万上校为领队的战俘复原工作队抵达，处理大批战俘撤离的准备工作。同时，开始准备挖掘和运送死亡战俘的遗骸。

1945 年 8 月 30 日　又一批 14 名将军战俘乘飞机撤离沈阳。

1945 年 9 月 2 日　32 名战俘乘飞机撤离沈阳。4 日，76 名战俘乘飞机撤离沈阳；5 日，20 名战俘乘飞机撤离沈阳；6 日 20 名战俘乘飞机撤离沈阳；7 日，22 名战俘乘飞机撤离沈阳。

1945 年 9 月 9 日　大批人员将从旅顺军港乘美军“卡尔波特”号运兵舰和“救援”号医疗舰艇回国。135 人先期抵达旅顺港。

1945 年 9 月 10 日　20 名战俘乘飞机撤离沈阳。同日，首批大规模撤离人员 732 人开始乘火车离开沈阳前往大连旅顺港。同时撤离的还有 19 名传教人员和 1 名国际红十字人员。

1945 年 9 月 11 日　其余大规模撤离人员共 529 人乘火车撤离沈阳前往大连旅顺港。至此，幸存战俘全部撤离沈阳。

1945 年 9 月 19 日　“战俘复原工作”结束在沈阳战俘营的善后工作，工作队撤离沈阳返回昆明基地。

参考文献

1. William J. Duggan, Silence of A Soldier, Oakland: Elderberry Press, LLC, 2003.

2. W.S. Ken Hughes, Slaves of the Samurai, Melbourne: Oxford University Press, 1946.

3. Lewis A. Miner, Surrender on Cebu, Paducah: Turner Publishing Company, 2001.

4. Duane Schultz, Hero of Bataan, New York: St. Martin's Press, 1981

5. Hal Leith, POWs of Japanese Rescued, Victoria: Trafford Publishing, 2003.

6. Ken Towery, The Chow Dipper, Austin: Eakin Press, 1994.

7. Oliver'Red' Allen, Abandoned on Bataan, Boeren: Crimson Horse Entertainment & Publishing Company Co., 2002.

8. Maurice A. Christie, Mission "Scapula": Special Operations in the Far East, Stone: Panda press (Stone) Ltd.

9. Joseph A. Petak, Never Plan Tomorrow, Fullerton: Aquataur, 1991.

10. Linda Goetz Holmes, Guests of the Emperor, Annapolis: Naval Institute Press, 2010.

11. James Bollich, Bataan Death March: A Soldier's Story, Gretna: Pelican Publishing Company, 2003.

12. T. Walter Middleton, Flashbacks: Prisoner of War in the Philippines, New York: Alexander Books, 2001.

13. Kermit Roosevelt, The Overseas Targets: War Report of the OSS Vol. 2, New York: Walker Publishing Company, Inc., 1976.

14. D. Clayton James, South To Bataan, North To Mukden, Athens: University of Georgia Press, 1971.

15. Brian Montgomery, Shenton of Singapore: Governor and Prisoner of War, London: Leo Cooper and Secker & Warbrug Ltd., 1984.

16. Sir. John Smyth VC, Percival and the Tragedy of Singapore, London: Macdonald & Co., 1971.

17. Richard Connaughton, MacArthur and Defeat in the Philippines, Woodstock & New York: The Overlook Press, 2001.

18. Jonathan M. Wainwright, General Wainwright's Story, New York: Doubleay & Company, Inc., 1946.

19. Lt. Gen. A. E. Percival, The War in Malaya, New Delhi: Sagar Publications, 1971.

20. Ronald H. Spector, In the Ruins of Empire, New York: Random House Paperbacks, 2007.

21. P. Scholten, Op Reis Met De 'Special Party', Leiden: A.W. Sijthoff Leiden, 1971.

22. John M. Beebe, Prisoner of the Rising Sun, College Station: Texas A&M University Press, 2006.

23. Roger Hilsman, American Guerrilla: My War behind Japanese Lines, Washington D.C.: Potomac Books, Inc., 2005.

24. John K. Singlaub, Hazardous Duty, New York: Summit Books, 1991.

25. Andrew Faulkner, Arthur Blackburn, VC, South Australia: Wakefield Press, 2008.

26. Oliver Lindsay, The Battle of Hong Kong, Gloucestershire: Spellmount Ltd., 2005.

27. William C, Braly, The Hard Way Home, Washington D.C.: Washington Infantry Journal Press, 1947.

28. Clifford Kinvig, Scapegoat: General Percival of Singapore, London: Brassey's Inc., 1996.

29. Sheldon Zimbler, Undaunted Valor: The Men of Mukden, Kingston, NY: Tri-State Publishing, 2008.

30. Junod, Marcel, Warrior Without Weapons, International Committee of the Red Cross, 1982.

31. Trial Transcript, the War Crimes Trial of Genji Matsuda, Volume II, Folder 5, Box 1660, Entry 1321, RG 331, NARA（美国国家档案馆）。

32.《A 級 極 東 国 際 軍 事 裁 判 記 録（英 文）》，JACAR：Ref. A08071261100，（日）国立公文書館。

33.《俘虜情報局ノ業務ニ就テ》，JACAR：Ref.A14110158800，俘情 局，（日）国立公文書館。

34.《陸 軍 北 方 部 隊 略 歴 之 関 東 直 轄 部 隊》，JACAR：Ref. C12122425200，厚生省救援局，（日）防衛省防衛研究所。

35.《俘虜に関する諸法規類集》，JACAR: Ref. C13070713200，（日）防 省防 研究所。

36. 茶园义男，《BC 级战犯米军上海等裁判资料》，东京：不二出版，1989 年。

37. 茶园义男，《BC 级战犯中国・仏国裁判资料》，东京：不二出版，1992 年。

38. 茶園義男，《大東亜戦争下外地俘虜収容所》，东京：不二出版，1996 年。

39. 茶園義男，《滿洲移民拓務局原資料》，东京：不二出版社，1990 年。

40. 新田満夫，《極東國際軍事審判速記錄》（第 1—10 卷），东京：雄松堂书店，1968 年。

41. 林博史，《BC 級戰犯裁判》，东京：岩波新书株式会社，2005 年。

42. 内海爱子,《日本军の俘虜政策》，东京：青木书店，2005 年。

43. 西里扶甬子,《生物戰部隊 731》，东京：草の根出版社,2002 年。

44. 秦郁彦,《日本陸海軍總合事典》，东京：东京大学出版会，2005 年。

45. 桑岛治三郎,《殉国の軍医大尉》，东京：日本医事新报社，1993 年。

46. 朱贵生、王振德、张椿年等,《第二次世界大战史》，人民出版社，2005 年。

47. 罗兹・墨著，黄磷译,《亚洲史》，商务印书馆，2005 年。

48. R.R. 帕尔默等,《近现代世界史》（下册），北京大学出版社，2009 年。

49. 袁闾琨:《沈阳历史大事本末》(下卷)，辽宁人民出版社,2002 年。

50. 步平、荣维木主编,《中华民族抗日战争全史》，中国青年出版社，2010 年。

后　记

我从最初因工作原因偶然接触到奉天战俘营这个题材，到后来专注此研究且一发而不可收，算来已有 23 个年头。回望这一路走过来的研究之路，虽困难重重，却也不乏支撑前行的动力。

研究中遇到的最大困难便是史料缺失的问题。首先是日军的原始史料或因销毁，或因尚未完全解密，获取范围和渠道都很有限。其次，本研究涉及的国家有美国、英国、荷兰、澳大利亚，新西兰等多个国家，许多相关史料也大都馆藏于各相关当事国，收集和利用难度很大。加之在国内，相关史料就更加零散，几乎无存。虽然倾尽全力到国内外档案馆、图书馆进行了大量的资料搜集工作，但缺乏完整系统的史料仍然是制约本研究的最大困难。

因此，引入口述史研究方法，是应对这一困境最为现实而可行的研究路径。通过走访幸存战俘老兵和后人、中国工友和日本老兵等获得口述史资料，并与其他史料相互佐证，对口述史料进行辨析和研判。本研究始终坚持以史实为根据，以口述史料为线索，围绕疑难问题展开田野调查、实地考察多种形式的研究工作，最终得以把战俘营的历史原貌全方位立体地展现出来。

在这一过程中，内心经历过愈挫愈勇的坚持，个中的困难虽始料未及，却也算是情理之中。品尝过困知励行的喜悦和收获，让我庆幸自己当初与这段鲜为人知的史事“邂逅”，今天回头审视这一研究更使自己感到慰籍的是，无论遇到多么大的困难都没有让我停下脚步，真相逐渐显露，使这段历史不再继续被湮灭。我有幸能多次与幸存战俘老兵面对面，与远去的历史对话，那是难得的体验。我在倾听中与这些岁月老人建立了新的友谊，他们在倾诉中表达了对中国，这个曾经的蒙难之地、如今的精神家园的牵挂。本书中的讲述人之一，美国战俘沃特·哈斯曾在当地报纸上见到介绍沈阳人过春节的照片，便特意把照片剪下来寄给我保存。一年夏天，得知沈阳周边城市发生水灾，沃特·哈斯关切地询问灾情。沈阳已经成了幸存战俘老兵们割舍不下的牵挂，这份情谊也成为支撑本研究继续前行的特殊动力。

回首历史，我们不难发现，战争除了有正面战场、敌后战场，还有一个非常独特的战俘战场，这是战争中的“二次元”

的隐形战场。这段历史让人们更为全面地认识战争中正义与非正义的较量，人性的残忍与光辉。这样的历史以其真实和深刻，直逼心灵，它促使我们反思历史，正视当下的国际时局。铭记历史，展望未来，我们有责任对战争进行理性的认识与反思，共同维护人类和平的未来。

本书付梓出版之际，不由心生感慨。我要感谢多年来一直支持我研究的幸存战俘老兵们。我要在此特别提及本书中的讲述者之一，幸存美军战俘老兵艾伦。就在我准备本书稿的过程中，艾伦不幸于今年 7 月 15 日去世了。记得多年前，正是艾伦曾经提醒我做好心理准备，说我可能是一段时间内失去“朋友”最多的人。规律难以抗拒，事实也自然如此。这些年接受过我访谈的老兵相继离世，我的内心无比难过，也感到加快抢救性研究的使命更加迫切。我希望自己能够做得更好。

本书选用了一些相关图片资料，为此感谢感谢俄罗斯国家影像档案馆、美国国家档案馆、英国国家档案馆、荷兰国家档案馆、英国帝国战争博物馆、麦克阿瑟博物馆、国际红十字会档案局和商业图文机构及图片作者。感谢本书所借鉴或使用到的相关研究成果的研究同行。

最后，我要由衷感谢人民出版社约稿出版此书，这有助于让日军奉天战俘营的历史由一个鲜为人知的话题走入大众视野，让更多的读者有机会了解这段尘封的往事。

本书旨在能够为深入了解日军奉天战俘营的史实提供帮

助，也希望能够为丰富研究史料做出一点贡献。由于本人水平所限，不妥之处在所难免，谨请读者批评指正。

杨竞

2015年8月15日于沈阳

责任编辑：陈佳冉

图书在版编目（CIP）数据

盟军战俘在中国：奉天战俘营口述纪实 / 杨竞 著 . —
北京：人民出版社，2016.7

ISBN 978 – 7 – 01 – 016262 – 1

I. ①盟… II. ①杨… III. ①日本 – 侵华事件 – 俘虏 – 史料 IV. ① K265.606

中国版本图书馆 CIP 数据核字（2016）第 115087 号

盟军战俘在中国

MENGJUN ZHANFU ZAI ZHONGGUO

——奉天战俘营口述纪实

杨竞 著

人民出版社 出版发行

（100706 北京市东城区隆福寺街 99 号）

北京新华印刷有限公司印刷 新华书店经销

2016 年 7 月第 1 版 2016 年 7 月北京第 1 次印刷

开本：710 毫米 × 1000 毫米 1/16 印张：19.75

字数：210 千字

ISBN 978 – 7 – 01 – 016262 – 1 定价：45.00 元

邮购地址 100706 北京市东城区隆福寺街 99 号

人民东方图书销售中心 电话：（010）65250042 65289539